# 야나두
## 영어회화 패턴31

# 야나두 영어회화 패턴31

패턴만 알면 야, 너두 길게 말할 수 있어!

원예나 지음

라곰

## Q. 학교 다닐 때 배운 영어와 말하기 영어는 많이 다른가요?

A. 목표에 따라 접근 방식이 달라집니다. 학교 다닐 때 영어의 목표는 수능이었어요. 그래서 암기와 문제풀이를 했죠. 하지만 말하기가 목표라면 어떨까요? 당연히 방법도 달라져야 합니다.

말하기 영어를 위해서는 '입'을 사용해야 합니다. 학교 다닐 때 많이 봐서 눈에는 익숙한 영어라도 입으로 하면 생소할 것입니다. 운동으로 근력을 키우듯 입으로 따라하며 그동안 쓰지 않았던 영어 입 근육을 만들어주세요.

## Q. 문법을 꼭 해야 하나요?

A. 어떤 언어를 배우든 문법은 반드시 해야 합니다. 단어를 내뱉는 순서를 알아야 문장으로 말할 수 있으니까요. 그런데 우리가 학교 다닐 때 배웠던 문법은 암기해야 할 수학 공식 같은 느낌이 들지 않나요? 그래서 저는 좀더 친근하게 문법을 알아갈 수 있도록 패턴을 활용했어요.

패턴을 활용하면 문법 용어 때문에 고생하지 않아도 되니까 영어에 대한 거부감을 줄일 수 있어요. 동시에 입으로 따라하면 할수록 반사적으로 말할 수 있게 됩니다.

## Q. 단어를 얼마나 외워야 하나요?

A. 영어를 모국어로 사용하는 4세 아이들은 500단어로 대부분의 의사표현을 한다고 합니다. 반면 수능을 공부한 대학생들은 5,000단어를 알고도 하고 싶은 말을 제대로 하지 못하죠. 중요한 것은 어휘량보다는 문장 구조와 숙달도예요.

패턴으로 연습하면 단어도, 문법도 저절로 익힐 수 있어요. 이제부터는 단어를 따로 암기하기보다는 문장 패턴에 넣어 활용해보세요. 그리고 입으로 말해보세요. 그러면 더 큰 성취감을 맛보게 되고 꾸준히 할 수 있게 될 것입니다.


## Q. 패턴이 정확히 뭐예요?

A. 외국어로 말을 하기 위해서 반드시 알아야 할 두 가지는 단어와 문법입니다. 그런데 아무리 단어를 많이 암기하고 문법 공부를 열심히 해도 말하기가 쉽지 않죠. 그래서 고민을 시작한 끝에 패턴이라는 해결책을 찾았습니다.

패턴은 원어민들이 평소에 즐겨 사용하는 '문장 구조'예요. 사용 빈도가 높은 문장 틀에 단어를 바꾸어가며 입으로 훈련하면 단어, 문법, 순발력까지 1석 3조의 효과를 볼 수 있습니다. 또 청취력과 독해력까지 향상시킬 수 있고요. 이제부터는 패턴으로 더 쉽고, 더 효율적으로 영어 말하기를 훈련해보세요.

## Q. 어떤 사람들이 영어를 잘하나요?

A. 꾸준히 한 사람! 먼저 시작한 사람! 그리고 입으로 한 사람이 더 잘합니다. 시험은 머리 좋은 사람이 잘 보겠죠. 하지만 일상 대화 수준의 영어는 머리의 영역이 아니라 운동의 영역입니다. 영어는 생소한 언어가 아닌 10년 동안 눈으로 봐오던 친근한 언어예요. 우리는 영어를 모르는 게 아니라 다만 입으로 말해본 적이 없을 뿐이죠. 그래서 별도의 입 훈련을 한 사람들이 말을 잘하게 됩니다.

여러분, 30대가 춤을 잘 출까요? 50대가 춤을 잘 출까요? 문화센터에 가봤더니 5년 동안 꾸준히 배운 50대가 젊은 친구들보다 더 잘 추더라고요. 영어도 춤과 똑같아요. 원어민의 소리를 100번 들어도 내가 말해보지 않으면 입으로 안 나오고, 눈으로 100번 읽어도 내가 말해보지 않으면 입으로 안 나옵니다.


## Q. 저는 영어가 잘 안 들리는데 어떡하죠?

A. 듣기가 안 된다고 호소하시는 분들이 많습니다. 듣기가 안 되는 이유는 영어를 몰라서입니다. 그리고 안 들어봐서입니다. 단어, 문장 구조, 소리를 알면 영어는 들립니다.

친구가 제게 "유남생이 뭐야?"라고 물어본 적이 있어요. 알고 보니 'You know what I'm saying.'이 속도가 빨라서 유남생으로 들렸던 거더라고요. 만약 이 문장을 소리내 말해봤다면 어땠을까요? 분명 정확하게 알아들었을 거예요.

듣기를 잘하기 위해서는 세 가지가 필요합니다. 어휘와 문장 구조를 알고, 입으로 말해보고, 소리를 확인해야 합니다. 그러다 보면 점점 더 많이 듣고 이해할 수 있게 됩니다. 영어는 알아야 들리고, 들어봐야 들리고, 말해봐야 들립니다.

## Q. 왜 영어와 한국말은 어순이 다른 걸까요?

A. 영어는 동사(동작)를 먼저 말하고, 한국말은 동사를 맨 마지막에 말합니다. 주
소를 쓸 때 영어는 작은 단위부터 쓰지만 한국말은 큰 단위부터 쓰고요. 또 영어
는 핵심어를 먼저 말하고 부연설명을 뒤로 빼지만 한국말은 부연설명을 한 후
핵심어를 나중에 말합니다.

해당 언어에서 중요하다고 생각되는 것을 먼저 말하는 거죠. 무엇이 더 중요한
가에 대한 사고방식의 차이는 오랜 세월에 걸쳐서 형성된 것이기 때문에 정확
한 이유를 알 수 없지만, 영어를 배우는 입장에서 이 차이점을 아는 건 중요합니
다. 두 언어의 큰 차이를 알고 문장을 따라하면 더 쉽게 이해가 되기도 하고 재
미있기도 하거든요.

## Q. 틀리게 말해도 원어민들이 잘 알아듣나요?

A. 그럼요. 생각보다 원어민들은 외국인의 완벽하지 않은 영어를 잘 알아듣습니
다. 완벽한 영어 실력보다 중요한 건 자신감과 능청스러움이에요. 우리는 영어
를 완벽하게 구사하지 못하기 때문에 모르는 표현이 나올 때는 센스를 발휘해
야 합니다. "나는 자신 있게 말할 거야! 네가 잘 이해해보렴" 하는 태도를 보이
는 거죠. "틀리면 어떡하지?"가 아니라 "틀리면 어때!"인 거예요.

하지만 자신감만 갖고 틀린 문장을 반복적으로 구사하면 안 되겠죠? 남몰래 혼
자 훈련하는 과정도 필요합니다. 저와 함께 패턴으로요!

## 야나두 영어회화 패턴31의 특징

### 1. 문법이 아닌 패턴입니다.

| X | 문법 | 외워야 하는 단편적 지식 |
|---|------|----------------------|
| O | 패턴 | 원어민이 말하는 순서 |

　야나두 영어회화는 문법이 아닌 패턴을 기반으로 합니다. 문법이 시험을 보기 위해 외워야 하는 단편적인 지식이라면, 패턴은 '원어민들은 이런 순서대로 말을 하더라' 하는 말하는 방법을 의미합니다. 말하는 골격을 잡는 것이 회화에서는 가장 중요하며, 야나두 영어회화는 그 골격을 잡는 걸 목표로 합니다.

### 2. 말하는 영어가 중심입니다.

　우리가 영어 공부에 많은 시간을 할애했음에도 말하지 못하는 건 실제 회화에 필요하지 않은 많은 것들을 배우느라 정작 중요한 것은 놓치고 있기 때문입니다. 야나두 영어회화는 일상에서 쓰는, 말하기에 필요한 것들만 배웁니다.

## 3. 느낌동사로 원어민 느낌을 살립니다.

**I gotta work now.**     '미드'에서 가장 많이 나오는 **gotta**

**It can be true.**     원어민이 가장 많이 쓰는 **can**

    사람의 인상이 얼굴, 표정, 목소리 등에서 느껴지듯 말에도 인상, 즉 느낌의 차이가 있습니다. 공손하게 권하는 것인지, 강압적인 요구인지, 동사를 어떻게 쓰느냐에 따라 달라지죠. 야나두 영어회화에서는 느낌동사를 집중적으로 다룹니다. 느낌의 차이를 잡으면 원어민처럼 말하기가 가능해집니다.

## 4. 짧게, 자주 연습해 학습 효율을 높입니다.

    야나두 영어회화는 하루 10분 공부를 목표로 합니다. 성인의 평균 집중 지속 시간 22분 중 최고의 학습 효과를 위해 10분을 공부 시간으로 잡습니다. 이 책 역시 10분 강의를 한 꼭지로 구성하여 하루 10분, 부담 없이 쉽게 공부할 수 있도록 핵심만 담았습니다.

# 이 책의 구성

**본문**

앞으로 배울 패턴을 제목으로 먼저 파악하고,
설명을 읽으며 내용을 익혀봅니다.

**연관 강의명**

본문에 해당되는 야나두 동영상 강의 제목으로
함께 들으면 도움이 됩니다.

**원어민 mp3**

QR코드를 스마트폰으로 찍으면
원어민의 발음을 들으며
연습할 수 있습니다.

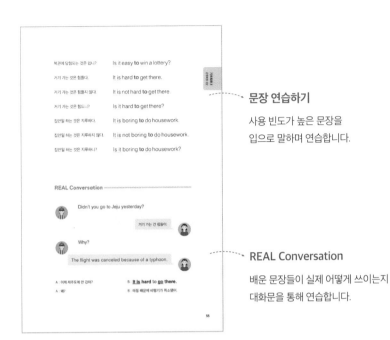

**문장 연습하기**

사용 빈도가 높은 문장을
입으로 말하며 연습합니다.

**REAL Conversation**

배운 문장들이 실제 어떻게 쓰이는지
대화문을 통해 연습합니다.

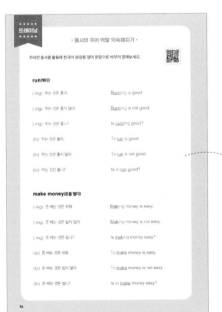

**트레이닝**

본문이 끝나면 익힌 것을
토대로 연습합니다.
영어 부분은 가리고 한국어만 보고
영어로 말해보세요.

# 단어는 떠오르는데,
# 문장으로 말하지 못하나요?

이 세상에 어렵고 복잡하게 배우길 원하는 사람은 아무도 없습니다. 사람들은 누구나 쉽고 간단하게 배우길 원하죠.

피아노를 빠르게 배워서 한두 곡만 간단히 연주할 수 있으면 좋겠는데, 시작부터 음악 이론과 어려워 보이는 악보를 가지고 배워야 한다면 어떨까요? 시작도 하기 전에 잔뜩 겁을 먹고 시도조차 안 할 수도 있고, 막상 시작하더라도 혹독한 훈련과 복잡한 이론에 포기하기 십상이겠죠.

쉬운 곡들은 약간의 훈련으로도 연주가 가능합니다. 간단한 연주가 가능해지면 성취감이 들겠죠. 재미도 생길 거고요. 그러면 새로운 곡에 도전하게 되고, 이것이 반복되면 실력 향상으로 이어질 겁니다. 즉 간단한 연주, 성취감을 통한 흥미가 생겨야 우리는 꾸준히 할 수 있게 됩니다.

영어를 배우는 것도 마찬가지입니다. 피아노의 간단한 연주처럼 영어도 간단한 문장을 바로바로 만들어낼 수 있게 된다면, 성취감이 쌓이고 재미를 느낄 수 있게 됩니다.

그런데 여기서 잠깐, 사람들이 영어를 배울 때 가장 많이 하는 고민이 무엇인지 아시나요? 바로, "단어는 떠오르는데 문장을 못 만들겠어요"입니다.

'busy'라는 단어는 알겠는데, '예나는 바쁘니? 너희 부모님은 바쁘니?'와 같은 문장은 만들어내지 못하는 것이죠.

《야나두 영어회화 패턴31》에는 여러분들의 고민을 담아 영어문장을 빠르고 쉽게 만들어낼 수 있도록 단어와 문법이 녹여진 체계적인 패턴학습법을 소개합니다.

더 이상 복잡한 문법 따로, 어려운 단어 암기 따로 하지 마세요. 단어와 문법이 녹여진 원예나의 패턴학습법을 통해서 간단하고 쉽게 영어문장을 만들어보고 성취감까지 맛보시기 바랍니다.

원예나와 함께하면 야! 너두 할 수 있어.

2019년 12월
원예나

# Contents

# 04 전치사를 활용해 길게 말하기

# 05 회화실력을 업그레이드하는 문장 종류

# 01

# 12패턴으로
# 기초 문장
# 완성하기

# 기초,
# 단단하게 다졌나요?

한국 사람들은 평균 10년 이상 영어 공부를 한다고 합니다. 10년이면 적지 않은 시간이죠. 그렇다면 여러분은 영어에 얼마나 자신감을 갖고 계세요? 다음 문장을 보고 영어로 한번 말해볼까요?

| | |
|---|---|
| 너 피곤해? | **Are you tired?** |
| 그녀는 안 피곤해. | **She is not tired.** |
| 그들은 부엌에 있어. | **They are in the kitchen.** |
| 그녀는 커피 마시니? | **Does she drink coffee?** |
| 그는 일해. | **He works.** |
| 넌 운전하니? | **Do you drive?** |
| 그들은 운전 안 해. | **They don't drive.** |

어때요? 이제 이 정도는 입에서 툭툭 튀어나오시나요?

우리가 《야나두 영어회화》에서 가장 먼저 공부했던 것이 바로 '영어식 어순'이에요. 아무리 공부해도 영어가 입에서 안 나오는 이유는 한국말과 다른 영어식 어순에 익숙해지지 못했기 때문이에요.

## 포인트 1.  영어와 한국어는 어순이 다르다.

| | | | |
|---|---|---|---|
| 예나<br>주어 | **eats**<br>동사 | **breakfast.**<br>하고 싶은 말 | (○) |
| 예나 | **breakfast** | **eats.** | (X) |
| **breakfast** | **eats** | 예나. | (X) |
| **eats** | 예나 | **breakfast.** | (X) |

우리는 '나는 아침을 먹는다'라는 어순에 이미 수십 년간 익숙해져 있습니다. 그런데 갑자기 주어 다음에 동사를 말하려고 하면 당연히 어색할 수밖에 없어요. 영어 단어를 수백, 수천 개씩 외우고 있더라도 말이죠! 그래서 '영어로 말문을 트기' 위해 가장 먼저 익혀야 하는 것이 바로 영어식 어순이에요.

가장 간단한 방법은 주어+동사로 구성된 간결한 문장을 반복해서 말하는 것입니다. 기억나시죠?

한 가지 더! 한국말은 '나는 먹어 아침을', '먹어 아침을 나는'이라고 말해도 의미가 통하지만 영어는 절대 어순을 바꿀 수 없어요. 반드시 '나는 먹어 아침을'이라고 말해야 합니다.

### 포인트 2. 영어는 주어에 따라 동사가 변한다.

| | |
|---|---|
| 나는 바쁘다. | **I am busy.** |
| 너는 바쁘다. | **You are busy.** |
| 그는 바쁘다. | **He is busy.** |

두 번째, 한국어와 영어가 다른 점은 바로 '동사'입니다. 한국어와 달리 영어는 주어에 따라 동사가 변해요. 한국어에서는 주어가 나든, 너든, 그든 다 똑같이 '바쁘다'로 말해요. 하지만 영어에서는 나, 너, 그에 따라 동사가 달라집니다. '나'가 주어일 때는 am, '너'가 주어일 때는 are, '그'가 주어일 때는 is를 쓰는 거죠.

이렇게 들으면 간단하게 느껴지지만 실제 회화에서 가장 많은 분들이 잘못 말하고 헷갈려 하는 부분이 바로 이 동사의 변화예요. 그러니 이 포인트 역시 머리로 외우는 게 아니라 계속 내뱉어서 입에 붙여야 해요. I am~, You are~, She is~, He is~, They are~ 이렇게요.

## 포인트 3. 동사의 종류는 두 가지다.

| be동사 | I am busy. | 일반동사 | I work. |
|--------|------------|----------|---------|
|        | You are busy. |       | You work. |
|        | He is busy. |         | He works. |

세 번째 포인트는 바로 영어의 동사는 두 가지로 나뉜다는 것입니다. 언뜻 보면 '에이, 이게 뭐야. 너무 쉽잖아'라고 생각하실 수 있지만 영어회화에서 많은 분들이 놓치고 있는 부분이 바로 이 포인트예요. 이걸 잡지 못하면 자연스러운 회화가 불가능해요.

그래서 우리는 뭘 해야 할까요? be동사와 일반동사 각각 6패턴씩, 동사 변화 12패턴을 마치 주문을 읊듯이 입에 붙이고 다녀야 해요.

동사 변화 12패턴은 언뜻 보면 쉽게 느껴집니다. 그래서 많은 분들이 가볍게 넘어가는데, 영어회화에서 이것만큼 중요한 것이 없어요. 특히 문장이 길어질수록 동사가 잡혀 있지 않으면 흔들리게 됩니다. 동사 변화가 탄탄하게 잡혀 있어야 길게 말하기도 가능해집니다.

본격적인 패턴 연습에 앞서 1장에서는 동사 12패턴과 느낌동사, 시제에 관해 간단히 훑어보려고 합니다. 이미 잘 알고 있다면 확인하는 시간으로, 아직도 헷갈리신다면 다시 한번 연습하는 시간으로 활용하시면 좋아요.

# be동사 6패턴 복습하기

**패턴1** **I am busy.** **나는 바빠. (평서문 현재)**

| I | am | | |
| You / We / They | are | + | 하고 싶은 말 |
| He / She / It | is | | |

**패턴2** **I am not busy.** **나는 안 바빠. (부정문 현재)**

| I'm | | | |
| You're / We're / They're | not | + | 하고 싶은 말 |
| He's / She's / It's | | | |

**패턴3** **Am I busy?** **나 바빠? (의문문 현재)**

| Am | I | | |
| Are | you / we / they | + | 하고 싶은 말 ? |
| Is | he / she / it | | |

I was busy.　　　나는 바빴어. (평서문 과거)

| I | was | | |
| You / We / They | were | + | 하고 싶은 말 |
| He / She / It | was | | |

I was not busy.　　나는 바쁘지 않았어. (부정문 과거)

| I | was | | | | |
| You / We / They | were | + | not | + | 하고 싶은 말 |
| He / She / It | was | | | | |

Was I busy?　　　나는 바빴어? (의문문 과거)

| Was | I | | |
| Were | you / we / they | + | 하고 싶은 말 ? |
| Was | he / she / it | | |

# 일반동사 6패턴 복습하기

**패턴1**

**I go home.**
**He goes home.**

나는 집에 가. (평서문 현재)
그는 집에 가.

| I / You / We / They | + | 동사원형 | + | 하고 싶은 말 |
| He / She / It | | 3인칭동사 | | |

**패턴2**

**I don't go home.**
**He doesn't go home.**

나는 집에 안 가. (부정문 현재)
그는 집에 안 가.

| I / You / We / They | + | don't | + | 동사원형 | + | 하고 싶은 말 |
| He / She / It | | doesn't | | | | |

**패턴3**

**Do I go home?**
**Does he go home?**

나 집에 가? (의문문 현재)
그는 집에 가?

| Do | + | I / you / we / they | + | 동사원형 ? |
| Does | | he / she / it | | |

**I went home.**    **나는 집에 갔어. (평서문 과거)**

I / You / We / They    +    동사과거 꼴(went)    +    하고 싶은 말
He / She / It

 **I didn't go home.**    **나는 집에 가지 않았어. (부정문 과거)**

I / You / We / They    +    didn't    +    동사원형    +    하고 싶은 말
He / She / It

 **Did I go home?**    **나 집에 갔어? (의문문 과거)**

Did    +    I / you / we / they    +    동사원형 ?
        he / she / it

## • 동사 12패턴 익숙해지기 •

동사 12패턴을 활용해 한국어 문장을 영어로 바꾸어 말해보세요.

### smart (똑똑한)

| | |
|---|---|
| 그는 똑똑해. | He is smart. |
| 그는 똑똑하지 않아. | He is not smart. |
| 그는 똑똑하니? | Is he smart? |
| 그는 똑똑했어. | He was smart. |
| 그는 똑똑하지 않았어. | He was not smart. |
| 그는 똑똑했니? | Was he smart? |
| 그들은 똑똑해. | They are smart. |
| 그들은 똑똑하지 않아. | They are not smart. |
| 그들은 똑똑하니? | Are they smart? |
| 그들은 똑똑했어. | They were smart. |
| 그들은 똑똑하지 않았어. | They were not smart. |
| 그들은 똑똑했었니? | Were they smart? |

## at the coffee shop (커피숍에)

| | |
|---|---|
| 넌 커피숍에 있어. | You are at the coffee shop. |
| 넌 커피숍에 있지 않아. | You are not at the coffee shop. |
| 넌 커피숍에 있니? | Are you at the coffee shop? |
| 넌 커피숍에 있었어. | You were at the coffee shop. |
| 넌 커피숍에 있지 않았어. | You were not at the coffee shop. |
| 넌 커피숍에 있었니? | Were you at the coffee shop? |
| 그녀는 커피숍에 있어. | She is at the coffee shop. |
| 그녀는 커피숍에 있지 않아. | She is not at the coffee shop. |
| 그녀는 커피숍에 있니? | Is she at the coffee shop? |
| 그녀는 커피숍에 있었어. | She was at the coffee shop. |
| 그녀는 커피숍에 있지 않았어. | She was not at the coffee shop. |
| 그녀는 커피숍에 있었니? | Was she at the coffee shop? |

## go(가다)

| | |
|---|---|
| 난 집에 가. | I go home. |
| 난 집에 가지 않아. | I don't go home. |
| 넌 집에 가니? | Do you go home? |
| 넌 집에 갔어. | You went home. |
| 넌 집에 가지 않았어. | You didn't go home. |
| 넌 집에 갔니? | Did you go home? |
| 그녀는 학교에 가. | She goes to school. |
| 그녀는 학교에 가지 않아. | She doesn't go to school. |
| 그녀는 학교에 가니? | Does she go to school? |
| 그녀는 학교에 갔어. | She went to school. |
| 그녀는 학교에 가지 않았어. | She didn't go to school. |
| 그녀는 학교에 갔니? | Did she go to school? |

## drink coffee(커피 마시다)

우리는 커피 마셔.　　　　　　　　We drink coffee.

우리는 커피 마시지 않아.　　　　　We don't drink coffee.

우리는 커피 마시니?　　　　　　　Do we drink coffee?

우리는 커피 마셨어.　　　　　　　We drank coffee.

우리는 커피 마시지 않았어.　　　　We didn't drink coffee.

우리는 커피 마셨니?　　　　　　　Did we drink coffee?

그는 커피 마셔.　　　　　　　　　He drinks coffee.

그는 커피 마시지 않아.　　　　　　He doesn't drink coffee.

그는 커피 마시니?　　　　　　　　Does he drink coffee?

그는 커피 마셨어.　　　　　　　　He drank coffee.

그는 커피 마시지 않았어.　　　　　He didn't drink coffee.

그는 커피 마셨니?　　　　　　　　Did he drink coffee?

# 느낌동사 복습하기

원어민 느낌 풀풀 나는 영어를 말하기 위해 무엇을 공부했는지 기억하시나요? 네, 바로 '느낌동사'입니다.

우리가 흔히 조동사로 알고 있는 단어들을 '야나두'에서는 '느낌동사'라고 부릅니다. 의미는 비슷하지만 미묘한 뉘앙스의 차이를 표현하는 데 꼭 필요한 단어이기 때문에 붙인 이름이죠.

느낌동사를 활용하면 '나는 간다' 말고도 '나 갈지도 몰라', '나 갈 수도 있어'라는 표현도 가능해집니다.

| | |
|---|---|
| **I go.** | 나는 간다. |
| **I will go.** | 나 갈래. |
| **I could go.** | 나 갈 수도 있어. |
| **I might go.** | 나 어쩌면 갈지 몰라. |
| **I would go.** | 나라면 가겠다. |

느낌동사와 관련해 기억해야 할 포인트는 두 가지입니다.


## 포인트 1.   위치는 동사 앞자리다.


**I could go.**                    **She will go.**


느낌동사는 동사 앞에 사용합니다. 사용하고 싶은 느낌에 따라 동사 앞에 붙여서 말해주기만 하면 돼요. 간단하죠?


## 포인트 2.   동사 꼴이 바뀐다. 동사원형으로!


**They are here.**        →        **They will be here.**
**She talks.**            →        **She will talk.**


앞에서 동사의 종류는 몇 가지라고 했었죠? 네, be동사와 일반동사, 두 가지입니다.

느낌동사를 사용하면 뒤에 오는 동사가 동사원형으로 바뀝니다. 그래서 be동사(am, are, is)는 be로, 일반동사는 모두 원형으로 사용하면 됩니다.

이 법칙들이 입에 붙어서 바로 나올 수 있도록 계속해서 훈련해주세요.

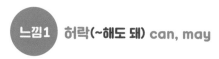 느낌1 허락(~해도 돼) can, may

**You can go.** 가도 돼.

**You may go.** 가도 됩니다. (공손한 허락)

| | |
|---|---|
| 여기에 있어도 돼. | You **can** <u>stay</u> here. |
| 여기에 있으면 안 돼. | You **can't** <u>stay</u> here. |
| 여기에 있어도 돼? | **Can** I <u>stay</u> here? |
| 여기에 있어도 됩니까? | **May** I <u>stay</u> here? |
| 여기에 주차해도 됩니다. | You **may** <u>park</u> here. |
| 여기에 주차하면 안 됩니다. | You **may not** <u>park</u> here. |
| 여기에 주차해도 돼? | **Can** I <u>park</u> here? |
| 이거 사용하면 안 돼. | You **can't** <u>use</u> this. |
| 이거 사용해도 돼? | **Can** I <u>use</u> this? |
| 이거 사용해도 됩니까? | **May** I <u>use</u> this? |
| 이거 가져가도 돼. | You **can** <u>take</u> it. |
| 이거 가져가면 안 됩니다. | You **may not** <u>take</u> it. |
| 이거 가져가도 됩니까? | **May** I <u>take</u> it? |

**느낌2** **의지(~할 거야, ~하겠어)** will, would

**I will go.**                    난 갈 거야.

**I would go.**                   나라면 가겠어.


여기에 있을게.              **I will** <u>stay</u> here.

여기에 있을래?             **Will** you <u>stay</u> here?

(나라면) 여기에 있겠어.      **I would** <u>stay</u> here.

(나라면) 여기에 있지 않겠어.   **I wouldn't** <u>stay</u> here.

이거 안 먹을래.            **I won't** <u>eat</u> this.

이거 먹을래?              **Will** you <u>eat</u> this?

(나라면) 이거 먹지 않겠어.    **I wouldn't** <u>eat</u> this.

(너라면) 이거 먹겠니?        **Would** you <u>eat</u> this?

지금 시작할게.            **I will** <u>start</u> now.

지금 시작 안 할래.         **I won't** <u>start</u> now.

(나라면) 지금 시작하겠어.    **I would** <u>start</u> now.

(너라면) 지금 시작하겠니?    **Would** you <u>start</u> now?

**느낌3** **추측(~거야, ~수도 있어, ~지도 몰라)**
must, will, would, should, can, could, may, might

---

**It would be true.**          사실일 거야. (80%)

**It could be true.**          사실일 수도 있어. (50%)

**It might be true.**          사실일지도 몰라. (35%)

must > will > would > should > can > could > may > might
99%    90%    80%      70%      60%    50%     40%    35%

\* would는 가정문에서 주로 사용합니다.                    (추측의 정도)

---

비쌀 거야.                    It **would** be expensive.

비쌀 수도 있어.                It **could** be expensive.

비쌀지도 몰라.                 It **might** be expensive.

비가 올 거야.                 It **would** rain.

비가 올 수도 있어.             It **could** rain.

비가 올지도 몰라.             It **might** rain.

그가 올 거야.                 He **would** come.

그가 올 수도 있어.             He **could** come.

그가 올지도 몰라.             He **might** come.

**느낌 4** 의무(~해야 해, ~해라) must, should
have to, had better, be supposed to

**You must (have to) go.**      가라(안 가면 안 돼).

**You'd better go.**      가라(안 가기만 해).

**You should go.**      가야 해(안 가면 어쩔 수 없고).

**You're supposed to go.**      가야죠 (가기로 되어 있어).

must · have to   >   had better   >   should   >   be supposed to
(꼭 해야 함)                                                     (그렇게 권함)


그에게 말해(말 안 하면 안 돼).      You **must(have to)** tell him.

그에게 말해(말 안 하기만 해).      You**'d better** tell him.

그에게 말해야 해(말 안 하면 어쩔 수 없고).      You **should** tell him.

그에게 말해야지(말하기로 되어 있어).      You**'re supposed to** tell him.

운동해(안 하면 안 돼).      You **must(have to)** exercise.

운동해(안 하기만 해).      You**'d better** exercise.

운동해야 해(안 하면 어쩔 수 없고).      You **should** exercise.

운동해야지(하기로 되어 있어).      You**'re supposed to** exercise.

## • 느낌동사 익숙해지기 •

느낌동사를 활용해 한국어 문장을 영어 문장으로 바꾸어 말해보세요.

### can, might (허락)

| | |
|---|---|
| 이거 먹어도 돼. | You can <u>eat</u> this. |
| 이거 먹으면 안 돼. | You can't <u>eat</u> this. |
| 이거 먹어도 돼? | Can I <u>eat</u> this? |
| 이거 먹어도 됩니다. | You may <u>eat</u> this. |
| 이거 먹으면 안 됩니다. | You may not <u>eat</u> this. |
| 이거 먹어도 됩니까? | May I <u>eat</u> this? |
| 지금 시작해도 돼. | You can <u>start</u> now. |
| 지금 시작하면 안 돼. | You can't <u>start</u> now. |
| 지금 시작해도 돼? | Can I <u>start</u> now? |
| 지금 시작해도 됩니다. | You may <u>start</u> now. |
| 지금 시작하면 안 됩니다. | You may not <u>start</u> now. |
| 지금 시작해도 됩니까? | May I <u>start</u> now? |

## will, would(의지)

| | |
|---|---|
| 지금 떠날게. | I will <u>leave</u> now. |
| 지금 떠나지 않을래. | I won't <u>leave</u> now. |
| 지금 떠날래? | Will you <u>leave</u> now? |
| (나라면) 지금 떠나겠어. | I would <u>leave</u> now. |
| (나라면) 지금 떠나지 않겠어. | I wouldn't <u>leave</u> now. |
| (너라면) 지금 떠나겠니? | Would you <u>leave</u> now? |
| 그녀를 도와줄게. | I will <u>help</u> her. |
| 그녀를 도와주지 않을래. | I won't <u>help</u> her. |
| 그녀를 도와줄래? | Will you <u>help</u> her? |
| (나라면) 그녀를 돕겠어. | I would <u>help</u> her. |
| (나라면) 그녀를 돕지 않겠어. | I wouldn't <u>help</u> her. |
| (너라면) 그녀를 돕겠니? | Would you <u>help</u> her? |

## would, could, might(추측)

거짓말일 거야. (80%)　　　　　　　It would <u>be</u> a lie.

거짓말일 수도 있어. (50%)　　　　　It could <u>be</u> a lie.

거짓말일지도 몰라. (35%)　　　　　It might <u>be</u> a lie.

그는 가수일 거야. (80%)　　　　　　He would <u>be</u> a singer.

그는 가수일 수도 있어. (50%)　　　　He could <u>be</u> a singer.

그는 가수일지도 몰라. (35%)　　　　He might <u>be</u> a singer.

내가 옳을 거야. (80%)　　　　　　　I would <u>be</u> right.

내가 옳을 수도 있어. (50%)　　　　　I could <u>be</u> right.

내가 옳을지도 몰라. (35%)　　　　　I might <u>be</u> right.

재미있을 거야. (80%)　　　　　　　It would <u>be</u> fun.

재미있을 수도 있어. (50%)　　　　　It could <u>be</u> fun.

재미있을지도 몰라. (35%)　　　　　It might <u>be</u> fun.

## must, should(의무)

| | |
|---|---|
| 넌 해야만 해(안 하면 안 돼). | You must <u>do</u> it. |
| 넌 해야지(안 하면 어쩔 수 없고). | You should <u>do</u> it. |
| 넌 이걸 써야만 해(안 쓰면 안 돼). | You must <u>use</u> this. |
| 넌 이걸 써야지(안 쓰면 어쩔 수 없고). | You should <u>use</u> this. |
| 넌 시작해야만 해(안 하면 안 돼). | You must <u>start</u>. |
| 넌 시작해야지(안 하면 어쩔 수 없고) . | You should <u>start</u>. |
| 넌 떠나야만 해(안 떠나면 안 돼). | You must <u>leave</u>. |
| 넌 떠나야지(안 떠나면 어쩔 수 없고). | You should <u>leave</u>. |
| 넌 그녀를 도와야만 해(안 도우면 안 돼). | You must <u>help</u> her. |
| 넌 그녀를 도와야지(안 도우면 어쩔 수 없고). | You should <u>help</u> her. |
| 넌 그걸 가져와야만 해(안 가져오면 안 돼). | You must <u>bring</u> it. |
| 넌 그걸 가져와야지(안 가져오면 어쩔 수 없고). | You should <u>bring</u> it. |

# 02

## 동사를 활용해 길게 말하기

# 동사를 변형하면 길게 말할 수 있다

　우리는 지금까지 '주어+동사' 패턴, 즉 어순감각을 위한 훈련을 해왔습니다. 그 핵심에는 12패턴, 바로 be동사 6패턴과 일반동사 6패턴이 있었고요.

　12패턴은 영어 말하기에서 기본 중 기본, 핵심 중 핵심입니다. 이 뼈대를 단단하게 만들지 않으면 언젠가는 무너지게 됩니다. 그러니 자다가도 입에서 툭 튀어나올 만큼 입에 붙여 연습을 해둬야 합니다.

　우리가 12패턴을 다루며 주목했던 건 '동사'였어요. 그래서 12패턴을 단단하게 만든 뒤에는 뉘앙스를 나타내는 느낌동사를 넣어보기도 하고, 시제를 바꿔보기도 하면서 문장을 좀더 풍성하게 만들어봤죠.

| 느낌동사 | 시제 |
|---|---|
| He is busy. | He is busy. |
| He will be busy. | He was busy. |
| He must be busy. | He will be busy. |
| He could be busy. | He has been busy. |

물론 여기까지만 할 수 있어도 영어로 말하기가 가능하지만 막상 원어민과 대화하려고 하면 표현에 한계를 느끼게 됩니다. 한번 아래 문장을 영어로 바꿔서 말해볼까요?

난 먹는 것을 좋아해.

난 먹으려고 살아.

난 이걸 먹어서 행복해.

이걸 먹기 위해서는 돈을 내야 해.

입에서 바로바로 나오시나요? 쉽지 않죠? 하지만 걱정하지 마세요. 지금부터 배울 동사변형만 익히면 충분히 할 수 있는 말들이니까요.

우리말은 조사나 어미를 바꾸면 다양한 표현을 할 수 있습니다. ~을, ~려고, ~어서, ~위해서 등과 같이 말이죠. 그렇다면 영어도 하나하나 외워서 사용해야 할까요? 아닙니다. 영어는 아주 간단해요. 바로 동사 뒤에 -ing를 붙이거나, 동사 앞에 to만 붙이면 됩니다.

**I like eat**ing.

**I live to eat.**

**I am happy to eat this.**

**To eat this, you have to pay.**

여기서는 우리가 익히 알고 있는 동사의 형태를 변형시켜서 동사 자리가 아닌 주어와 목적어, 형용사나 부사 자리에 써보는 연습을 할 거예요. 바로 to(to부정사)와 -ing(동명사)를 활용해서 말이죠.

• 주어로 쓰고 싶을 때

→ **Eat**ing **is fun.**

먹는 것은 즐거워.

• 목적어로 쓰고 싶을 때

→ **He likes eat**ing.

그는 먹는 것을 좋아해.

• 형용사나 부사로 쓰고 싶을 때

→ **I have something to eat.**

난 먹을 것이 있어.

우리의 목표는 두 가지입니다. 첫째, 내가 이미 알고 있는 동사를 변형해서 그 쓰임을 늘려가는 것입니다. 그러면 '나는', '그것이', '버스가' 등의 단어 수준을 벗어나 다양한 표현을 사용할 수 있게 됩니다.

| | | | |
|---|---|---|---|
| 먹다 **eat** | 먹는 것 | **to eat** | **eat**ing |
| 보다 **see** | 보는 것 | **to see** | **see**ing |
| 가다 **go** | 가는 것 | **to go** | **go**ing |
| 걷다 **walk** | 걷는 것 | **to walk** | **walk**ing |
| 사다 **buy** | 사는 것 | **to buy** | **buy**ing |

둘째, to와 –ing를 활용해 단어 중심의 회화에서 벗어나 덩어리로 문장을 늘여가는 것입니다. 가령 eat 하나만으로도 문장 늘이기가 가능해집니다.

| | |
|---|---|
| **to eat** <br> **eat**ing | 먹는 것 |
| **to eat chicken** <br> **eat**ing **chicken** | 치킨 먹는 것 |
| **to eat chicken with you** <br> **eat**ing **chicken with you** | 너와 치킨 먹는 것 |
| **to eat chicken with you at night** <br> **eat**ing **chicken with you at night** | 너와 밤에 치킨 먹는 것 |

# 동사를 주어로 쓰고 싶을 땐
# 두 가지만 기억하세요!

여러분이 일상에서 자주 하는 말들을 한 번 떠올려보세요. '나는', '그들은', '그것은'이라고 시작하는 말을 얼마나 자주 하나요? '책상', '우리 엄마', '컴퓨터'처럼 단순한 명사를 주어로 사용하는 경우는요?

모든 말을 할 때마다 '나는', '내가'로 시작하지 않는 것처럼, 우리가 실제로 자주 사용하는 주어는 행동이나 상태, 그 자체일 때가 많습니다. 다음 예문처럼 말이죠.

아침 먹는 것은 좋아.

차를 고치는 것은 어려워.

돈 쓰는 것은 쉬워.

매일 웃는 것은 건강에 좋아.

옷을 사는 것은 즐거워.

대학에 들어가는 것은 어려워.

'아침 먹는 것', '차를 고치는 것', '돈 쓰는 것'처럼 특정 행동이나 상태를 주어로 쓰는 방법은 두 가지입니다. 동사 뒤에 -ing를 붙여서 문장 맨 앞에 쓰거나, to + 동사원형을 문장 뒤에 쓰는 방식이죠. 어떻게 쓰는지 앞의 문장을 영어로 바꿔볼까요?

**Hav**ing breakfast is good.

**Fix**ing a car is difficult.

It is easy **to** **spend** money.

**Smil**ing every day is good for your health.

**Buy**ing clothes is fun.

It's hard **to** **get** into college.

우리말에서는 수많은 조사와 어미가 담당했던 일을 영어에서는 -ing와 to만 활용해서 표현할 수 있어요. 정말 간단하죠? 이러한 동사변형에 익숙해지면 이미 알고 있는 동사를 활용해 다양하게 표현할 수 있음은 물론 길게 말하기도 가능해집니다.

# Eating is fun.
## 먹는 것은 즐거워.

첫 번째 패턴은 동사를 주어 자리에 활용하는 것입니다. 아주 간단해요. I, You, He와 같은 주어 자리에 -ing를 붙인 동사를 놓는 겁니다.

| | |
|---|---|
| **She is fun.** | 그녀는 즐겁다. |
| **<u>Eat</u>ing is fun.** | 먹는 것은 즐겁다. |
| **He makes me happy.** | 그는 나를 행복하게 만든다. |
| **<u>Eat</u>ing makes me happy.** | 먹는 것은 나를 행복하게 만든다. |

간단하죠? 하지만 여기에도 주의해야 할 점이 있어요. 바로 -ing가 주어가 되었을 때 뒤에 오는 동사!

12패턴을 기억하시죠? 그중에서도 일반동사 1패턴을 떠올려볼게요.

**I / You / We / They**     +     **go**(동사원형)

**He / She / It**     +     **goes**(3인칭동사)

여기서 -ing주어는 He, She, It에 해당돼요. 즉 -ing가 주어일 때 동사는 3인칭동사가 되어 -s, -es를 붙여줘야 한다는 거죠. 마찬가지로 be동사도 is, was가 와야 합니다.

**Ea<u>t</u>ing is fun.**

**Ea<u>t</u>ing makes me happy.**

**1 -ing 주어 문장 연습하기**

| | |
|---|---|
| 보는 것이 믿는 것이다. | <u>See</u>**ing** is believing. |
| 가는 것은 신난다. | <u>Go</u>**ing** is exciting. |
| 연습하는 것은 중요하다. | <u>Practic</u>**ing** is important. |

| | |
|---|---|
| 포기하는 것은 나쁘다. | <u>Quitt</u>ing is bad. |
| 시작하는 것은 힘들다. | <u>Start</u>ing is hard. |
| 시도하는 것은 도움이 된다. | <u>Try</u>ing is helpful. |
| 미루는 것은 해롭다. | <u>Delay</u>ing is harmful. |
| 후회하는 것은 소용 없다. | <u>Regrett</u>ing is useless. |
| 계획하는 것은 어렵다. | <u>Plann</u>ing is difficult. |
| 기다리는 것은 힘들다. | <u>Wait</u>ing is tough. |
| 사랑하는 것은 위대하다. | <u>Lov</u>ing is great. |
| 지켜보는 것은 지루하다. | <u>Watch</u>ing is boring. |

## ② 문장 늘여 연습하기

| | |
|---|---|
| 아침 먹는 것은 좋다. | <u>Hav</u>ing breakfast is good. |
| 아침 먹는 것은  좋지 않다. | <u>Hav</u>ing breakfast is not good. |
| 아침 먹는 것은 좋니? | Is <u>hav</u>ing breakfast good? |
| 엄마가 되는 것은 멋지다. | <u>Becom</u>ing a mom is cool. |
| 엄마가 되는 것은 멋지지 않다. | <u>Becom</u>ing a mom is not cool. |

| 엄마가 되는 것은 멋지니? | Is <u>becoming</u> a mom cool? |
| 돈을 버는 것은 쉽다. | <u>Making</u> money is easy. |
| 돈을 버는 것은 쉽지 않다. | <u>Making</u> money is not easy. |
| 돈을 버는 것은 쉽니? | Is <u>making</u> money easy? |
| 영화를 고르는 것은 신난다. | <u>Choosing</u> a movie is exciting. |
| 영화를 고르는 것은 신나지 않는다. | <u>Choosing</u> a movie is not exciting. |
| 영화를 고르는 것은 신나니? | Is <u>choosing</u> a movie exciting? |

## REAL Conversation ∞∞∞∞∞∞∞∞∞∞∞∞∞∞∞∞∞∞∞∞∞∞∞∞∞∞∞∞∞∞∞∞∞∞

How do I look?

Not bad.

새 옷을 입는 건 언제나 행복해.

I think you need to save some money.

A : 나 어때?

A : **<u>Wearing</u> new clothes always makes me happy.**

B : 나쁘진 않아.

B : 내 생각엔 네가 돈을 절약할 필요가 있어.

51

# To <u>eat</u> is fun.
## 먹는 것은 즐거워.

두 번째 패턴은 to + 동사원형를 주어 자리에 놓고 문장을 만드는 패턴입니다. 앞의 패턴1과 마찬가지로 I, You, We, She 자리에 to + 동사원형을 넣어주면 됩니다.

**She is fun.**                         그녀는 즐겁다.

**To <u>eat</u> is fun.**                먹는 것은 즐겁다.

**He makes me happy.**                  그는 나를 행복하게 만든다.

**To <u>eat</u> makes me happy.**        먹는 것은 나를 행복하게 만든다.

그런데 여기서 이런 의문이 들 거예요. 'To eat is fun.'과 'Eating is fun.'은 같은 의미인 걸까라는 의문요.

네, 두 문장의 의미는 동일합니다. 다만 to + 동사원형의 경우 문장 맨 앞보다

52

는 맨 뒤에 오는 것이 훨씬 자연스러워요. 그럼 to + 동사원형을 문장 뒤에 쓸 경우 앞에 비어 있는 주어 자리는 어떤 말로 채우면 될까요? 바로 'It'을 써주면 됩니다.

**To eat is fun.**

**= It is fun to eat.**

여기서 It은 형식적인 It이라 따로 그 의미를 해석하지 않아요. 의미도 없는데 왜 굳이 It을 쓰느냐! 영어는 우리말과 달라서 주어를 임의로 생략할 수 없기 때문이에요. 우리말로는 "배고파"라고 해도 이상하지 않지만, 영어는 "I am hungry."라고 말해야 완전한 문장이 되거든요.

to+동사원형을 활용한 패턴2는 'It is ~to + 동사원형'까지 함께 훈련해봅니다.

**1 to 주어 문장 연습하기**

소비하는 것은 쉽다.  **To** spend is easy.

받는 것은 좋다.  **To** receive is nice.

창작하는 것은 힘들다.  **To** create is hard.

| | |
|---|---|
| 쇼핑하는 것은 즐겁다. | **To** shop is fun. |
| 지켜보는 것은 지루하다. | **To** watch is boring. |
| 일 하는 것은 지루하다. | **To** work is boring. |
| 주는 것은 친절하다. | **To** give is kind. |
| 훔치는 것은 나쁘다. | **To** steal is bad. |
| 밀치는 것은 나쁘다. | **To** push is bad. |
| 망가뜨리는 것은 나쁘다. | **To** break is bad. |

## ② It is ~to로 문장 늘여 연습하기

| | |
|---|---|
| 택시 잡는 것은 힘들다. | It is hard **to** get a taxi. |
| 택시 잡는 것은 힘들지 않다. | It is not hard **to** get a taxi. |
| 택시 잡는 것은 힘드니? | Is it hard **to** get a taxi? |
| 복권에 당첨되는 것은 쉽다. | It is easy **to** win the lottery. |
| 복권에 당첨되는 것은 쉽지 않다. | It is not easy **to** win the lottery. |
| 복권에 당첨되는 것은 쉽니? | Is it easy **to** win the lottery? |

| | |
|---|---|
| 거기 가는 것은 힘들다. | It is hard **to** ge<u>t</u> there. |
| 거기 가는 것은 힘들지 않다. | <u>I</u>t is not hard **to** ge<u>t</u> there. |
| 거기 가는 것은 힘드니? | Is <u>i</u>t hard **to** ge<u>t</u> there? |
| 집안일 하는 것은 지루하다. | <u>I</u>t is boring **to** <u>do</u> housework. |
| 집안일 하는 것은 지루하지 않다. | <u>I</u>t is not boring **to** <u>do</u> housework. |
| 집안일 하는 것은 지루하니? | Is <u>i</u>t boring **to** <u>do</u> housework? |

## REAL Conversation ∞∞∞∞∞∞∞∞∞∞∞∞∞∞∞∞∞∞∞∞∞∞∞∞∞∞∞∞∞

 Didn't you go to Jeju yesterday?

거기 가는 건 힘들어.

 Why?

The flight was canceled because of a typhoon.

A : 어제 제주도에 안 갔어?

A : 왜?

B : **It is hard to go there.**

B : 태풍 때문에 비행기가 취소됐어.

## • 동사의 주어 역할 익숙해지기 •

주어진 동사를 활용해 한국어 문장을 영어 문장으로 바꾸어 말해보세요.

### run(뛰다)

(-ing) 뛰는 것은 좋아.　　　　Running is good.

(-ing) 뛰는 것은 좋지 않아.　　Running is not good.

(-ing) 뛰는 것은 좋니?　　　　Is running good?

(to) 뛰는 것은 좋아.　　　　　To run is good.

(to) 뛰는 것은 좋지 않아.　　To run is not good.

(to) 뛰는 것은 좋니?　　　　Is it good to run?

### make money(돈을 벌다)

(-ing) 돈 버는 것은 쉬워.　　　Making money is easy.

(-ing) 돈 버는 것은 쉽지 않아.　Making money is not easy.

(-ing) 돈 버는 것은 쉽니?　　　Is making money easy?

(to) 돈 버는 것은 쉬워.　　　To make money is easy.

(to) 돈 버는 것은 쉽지 않아.　To make money is not easy.

(to) 돈 버는 것은 쉽니?　　　Is it easy to make money?

## have breakfast (아침을 먹다)

(-ing) 아침을 먹는 것은 좋아.               <u>Hav</u>ing breakfast is good.

(-ing) 아침을 먹는 것은 좋지 않아.          <u>Hav</u>ing breakfast is not good.

(-ing) 아침을 먹는 것은 좋니?              Is <u>hav</u>ing breakfast good?

(to) 아침을 먹는 것은 좋아.                To <u>have</u> breakfast is good.

(to) 아침을 먹는 것은 좋지 않아.           To <u>have</u> breakfast is not good.

(to) 아침을 먹는 것은 좋니?               Is it good to <u>have</u> breakfast?


## take a bus (버스를 타다 *시간낭비 : a waste of time)

(-ing) 버스를 타는 것은 시간낭비야.         <u>Tak</u>ing a bus is a waste of time.

(-ing) 버스를 타는 것은 시간낭비가 아니야.    <u>Tak</u>ing a bus is not a waste of time.

(-ing) 버스를 타는 것은 시간낭비니?         Is <u>tak</u>ing a bus a waste of time?

(to) 버스를 타는 것은 시간낭비야.          To <u>take</u> a bus is a waste of time.

(to) 버스를 타는 것은 시간낭비가 아니야.     To <u>take</u> a bus is not a waste of time.

(to) 버스를 타는 것은 시간낭비니?          Is it a waste of time to <u>take</u> a bus?

# 동사에 따라
# 목적어의 형태가 결정된다

    동사를 변형하면 목적어로도 쓸 수 있습니다. 한국어로 '~을', '~를'에 해당하는 말이죠. 지금까지는 그 자리에 주로 me, them, her 등과 같은 말들을 써왔을 거예요. 하지만 지금부터 배우게 될 동사의 변형, to와 -ing를 활용한다면 훨씬 더 많은 표현들을 사용할 수 있습니다.

| I | like | <u>you</u>. |
|---|------|------|
| I | like | <u>eat</u>ing. |
| I | like | to <u>eat</u>. |
| 주어 | + 동사 + | 목적어 |

    우리가 기억해야 할 것은 목적어의 위치입니다. 바로 동사 뒤에 온다는 것! to와 -ing를 활용해 동사 뒤에 하고 싶은 말을 붙여보세요. 마시는 것, 사는 것, 만드는 것 등등 할 수 있는 표현이 많아집니다.

단, 동사의 목적어 역할에는 주의해야 할 것이 있어요. 동사에 따라 -ing를 쓸지, to를 쓸지가 결정된다는 것입니다.

예를 들어 동사가 want라면 뒤에 붙는 목적어는 반드시 to+동사원형 형태가 와야 해요. -ing형태를 쓰면 틀린 표현이 됩니다. 반면 enjoy라는 동사를 쓸 땐 -ing형태로만 써야 합니다.

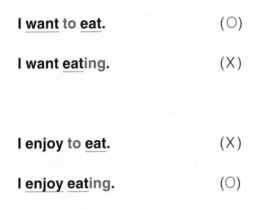

I **want** to **eat**.            (O)

I **want** **eat**ing.            (X)


I **enjoy** to **eat**.            (X)

I **enjoy** **eat**ing.            (O)


그럼 어떻게 하나고요? 입으로 말하고, 말하고, 또 말해서 자연스럽게 입에서 나오게 하는 수밖에 없습니다. 머리로만 외우면 바로 입에서 안 나오거든요. 입으로 말해서 툭 치면 바로 나올 수 있게 만드는 것, 그렇게 연습하는 것이 바로 우리의 목표입니다.

# I like eating.
## 난 먹는 것을 좋아해.

먼저 -ing를 목적어로 쓰는 패턴부터 연습해보겠습니다.

|       | | |          | |          |
|-------|-|-|----------|-|----------|
| **I** | | | **like** | | **eating.** |
| 주어  | + | | 동사     | + | 목적어    |

여기서 중요한 건 어떤 동사 뒤에 -ing형태의 목적어가 오는지 입에 익히는 거예요. 그럼 원어민이 가장 많이 쓰는 동사 12개를 익혀볼까요? 동사 리스트만 암기하지 말고 enjoy eating, keep going 등과 같이 동사+ -ing형태를 입으로 소리 내어 연습해야 해요. 꼭, 꼭, 소리 내어 말해보세요.

| | | | |
|---|---|---|---|
| **enjoy** | 즐기다 | | |
| **mind** | 꺼리다 | | |
| **quit** | 끊다 | | |
| **finish** | 끝내다 | | **go**ing |
| **imagine** | 상상하다 | | **study**ing |
| **keep** | 유지하다 | + | **think**ing |
| **avoid** | 피하다 | | **cook**ing |
| **discuss** | 토론하다 | | **eat**ing |
| **practice** | 연습하다 | | |
| *start | 시작하다 | | |
| *like | 좋아하다 | | |
| *love | 좋아하다 | | |

( *표시는 to형태도 목적어로 사용합니다.)

## 1 -ing 목적어 문장 연습하기

| | |
|---|---|
| 난 먹는 것을 즐긴다. | I enjoy hav**ing**. |
| 난 갖는 것을 상상했다. | I imagined hav**ing**. |
| 난 요리하는 것을 끝냈다. | I finished cook**ing**. |
| 난 점프하는 것을 좋아한다. | I like jump**ing**. |

| 난 운동을 멈췄다. | I stopped exercising. |
| 난 꿈꾸기를 시작했다. | I started dreaming. |
| 난 싸우는 것을 연습했다. | I practiced fighting. |
| 난 가는 것을 계속했다. | I continued going. |
| 난 춤추는 것을 선택한다. | I choose dancing. |

## 2 문장 늘여 연습하기

| 난 집 청소하는 것을 좋아해. | I like cleaning my house. |
| 난 집 청소하는 것을 좋아하지 않아. | I don't like cleaning my house. |
| 집 청소하는 것을 좋아하니? | Do you like cleaning your house? |
| 난 저녁 만드는 것을 시작했다. | I started making dinner. |
| 난 저녁 만드는 것을 시작하지 않았어. | I didn't start making dinner. |
| 저녁 만드는 것을 시작했니? | Did you start making dinner? |
| 난 전화 받는 것을 피했다. | I avoided answering the phone. |
| 난 전화 받는 것을 피하지 않았다. | I didn't avoid answering the phone. |

| | |
|---|---|
| 넌 전화 받는 것을 피했니? | Did you <u>avoid</u> <u>answer**ing**</u> the phone? |
| 그녀는 밤에 집으로 걸어가는 것을 싫어한다. | She <u>hates</u> <u>walk**ing**</u> home at night. |
| 그녀는 밤에 집으로 걸어가는 것을 싫어하지 않는다. | She doesn't <u>hate</u> <u>walk**ing**</u> home at night. |
| 그녀는 밤에 집으로 걸어가는 것을 싫어하니? | Does she <u>hate</u> <u>walk**ing**</u> home at night? |

## REAL Conversation ∞∞∞∞∞∞∞∞∞∞∞∞∞∞∞∞∞∞∞∞∞∞∞∞∞∞∞∞∞∞

I'm stressed out these days.

Really? Do something.

너랑 얘기하는 게 그리워.

I miss talking with you too.

A : 나 요즘 스트레스가 심해.

B : 정말? 뭐라도 해봐.

A : **I <u>miss</u> <u>talk</u>ing with you.**

B : 나도 너랑 얘기하는 게 그리워.

# I want to eat.
## 나는 먹고 싶어.

to+동사원형을 목적어로 쓰는 것 역시 패턴3처럼 간단합니다. 동사 앞에 to
를 붙이면 '~을', '~를'과 같이 의미가 변하게 됩니다.

| I | | want | | to eat. |
|---|---|---|---|---|
| 주어 | + | 동사 | + | 목적어 |

to+동사원형을 충분히 연습해서 입에서 자연스럽게 나오게 하세요. 단순히
'to부정사를 목적어로 쓰는 동사'를 달달 외운다고 되는 것이 아닙니다. 최대
한 많은 표현과 예문을 입으로 직접 말해보세요. to+동사원형 형태의 목적어
가 붙는 동사들을 입으로 말해서 완전한 내 것으로 만들어보세요.

| | | | |
|---|---|---|---|
| **want** | 원하다 | | |
| **hate** | 싫어하다 | | |
| **plan** | 계획하다 | | |
| **refuse** | 거부하다 | | **to eat** |
| **hope** | 희망하다 | | **to go** |
| **wish** | 바라다 | + | **to study** |
| **expect** | 기대하다 | | **to think** |
| **swear** | 맹세하다 | | **to cook** |
| **promise** | 약속하다 | | |
| **decide** | 결정하다 | | |
| **agree** | 동의하다 | | |
| **learn** | 배우다 | | |
| **need** | 필요하다 | | |

## 1 to 목적어 문장 연습하기

난 기다리기를 원한다.　　　I want **to** wait.

난 언쟁하는 것을 싫어한다.　　I hate **to** argue.

난 사는 것을 계획한다.　　　I plan **to** buy.

난 갈 것을 약속한다.　　　I promise **to** go.

난 파는 것을 예상한다.　　　I expect **to** sell.

| 난 파는 것을 희망한다. | I hope **to** sell. |
|---|---|
| 난 모으는 것을 바란다. | I wish **to** save. |
| 난 대화를 시작한다. | I begin **to** talk. |
| 난 머물기로 선택했다. | I chose **to** stay. |
| 난 기억하는 것을 시도한다. | I try **to** remember. |
| 난 참여하는 것에 동의한다. | I agree **to** attend. |
| 난 오는 것을 약속한다. | I promise **to** come. |
| 난 통과하기를 희망한다. | I hope **to** pass. |
| 난 가는 것을 거부한다. | I refuse **to** go. |

## ② 문장 늘여 연습하기

| 난 너를 곧 만나기를 기대한다. | I expect **to** see you soon. |
|---|---|
| 난 널 곧 볼 거라고 기대하지 않아. | I don't expect **to** see you soon. |
| 넌 나를 조만간 볼 거라고 기대해? | Do you expect **to** see me soon? |
| 난 표 살 것을 약속한다. | I promise **to** get a ticket. |
| 난 표 살 것을 약속하지 않아. | I don't promise **to** get a ticket. |

넌 표를 사겠다고 약속해?　　　　　Do you <u>promise</u> **to** <u>get</u> a ticket?

난 집에 있기로 결심했어.　　　　　I <u>decided</u> **to** <u>stay</u> home.

난 집에 있기로 결심하지 않았어.　　I didn't <u>decide</u> **to** <u>stay</u> home.

넌 집에 있기로 결심하니?　　　　　Do you <u>decide</u> **to** <u>stay</u> home?

난 담배 끊겠다고 맹세한다.　　　　I <u>swear</u> **to** <u>quit</u> smoking.

난 담배 끊겠다고 맹세하지 않는다.　I don't <u>swear</u> **to** <u>quit</u> smoking.

넌 담배 끊겠다고 맹세해?　　　　　Do you <u>swear</u> **to** <u>quit</u> smoking?

## REAL Conversation ∞∞∞∞∞∞∞∞∞∞∞∞∞∞∞∞∞∞∞∞∞∞∞∞∞∞∞∞∞∞∞∞∞∞∞∞∞

Can I give you some advice?

Sure. What is it?

그녀와 헤어지면 좋겠어.

Are you serious? No, I can't.

A : 내가 충고 하나 해도 될까?　　　　　　B : 그럼. 뭔데?

A : **You** <u>**need**</u> **to** <u>**break**</u> **up with her.**　　B : 진심이야? 안 돼. 그럴 수 없어.

## • 동사의 목적어 역할 익숙해지기 •

주어진 동사를 활용해 한국어 문장을 영어 문장으로 바꾸어 말해보세요.

### study (공부하다)

(-ing) 난 공부하는 걸 좋아해.      I like studying.

(-ing) 난 공부하는 걸 좋아하지 않아.      I don't like studying.

(-ing) 넌 공부하는 걸 좋아하니?      Do you like studying?

(to) 난 영어 공부를 싫어해.      I hate to study English.

(to) 난 영어 공부를 싫어하지 않아.      I don't hate to study English.

(to) 넌 영어 공부를 싫어하니?      Do you hate to study English?

### take pictures (사진 찍다)

(-ing) 난 사진 찍는 걸 연습했어.      I practiced taking pictures.

(-ing) 난 사진 찍는 걸 연습하지 않았어.      I didn't practice taking pictures.

(-ing) 넌 사진 찍는 걸 연습했니?      Did you practice taking pictures?

(to) 난 사진 찍기로 결심했어.      I decided to take pictures.

(to) 난 사진 찍기로 결심하지 않았어.      I didn't decide to take pictures.

(to) 넌 사진 찍기로 결심했니?      Did you decide to take pictures?

## make money (돈 벌다)

| | | |
|---|---|---|
| (-ing) | 난 돈 버는 걸 좋아해. | I like making money. |
| (-ing) | 난 돈 버는 걸 좋아하지 않아. | I don't like making money. |
| (-ing) | 넌 돈 버는 걸 좋아하니? | Do you like making money? |
| (to) | 난 돈을 벌어야 해. | I need to make money. |
| (to) | 난 돈을 안 벌어도 돼. | I don't need to make money. |
| (to) | 넌 돈을 벌어야 하니? | Do you need to make money? |

## run (뛰다)

| | | |
|---|---|---|
| (-ing) | 난 뛰는 걸 즐겨. | I enjoy running. |
| (-ing) | 난 뛰는 걸 즐기지 않아. | I don't enjoy running. |
| (-ing) | 넌 뛰는 걸 즐기니? | Do you enjoy running? |
| (to) | 난 뛰기를 원해. | I want to run. |
| (to) | 난 뛰기를 원하지 않아. | I don't want to run. |
| (to) | 넌 뛰기를 원하니? | Do you want to run? |

# 보다 구체적으로
# 설명하고 싶을 때

이 책의 목표는 '길게 말하기'입니다. 그 목표에 가장 가까운 패턴이 바로 지금부터 알려드릴 동사의 형용사와 부사 역할이에요.

형용사, 부사가 등장하니 벌써부터 머리가 아프시죠? 쉽게 말하자면, 이번 패턴은 동사 변화를 활용해 보다 구체적으로 설명할 수 있도록 하는 것입니다.

**I have a shirt.**　　　　　　　　나는 셔츠가 있어.

이렇게 말해도 완벽한 문장입니다. 그런데 여기에 셔츠를 좀더 꾸며주고 싶을 때 바로 to+동사원형을 사용하면 됩니다.

**I have a shirt to wear.**　　　　나는 입을 셔츠가 있어.

또 다른 예를 들어볼까요?

**I exercise.**                          나 운동해.

**I exercise to <u>lose</u> weight.**       나 살 빼려고 운동해.

첫 번째 'I exercise.'도 완벽한 문장이죠. 그런데 여기에 운동의 목적까지 말해주고 싶어요. 보다 구체적으로 말이죠. 그럴 때 to+동사원형을 활용하면 됩니다.

간단하죠? 이렇게 명사를 꾸며서 더 구체적으로 설명하거나, 완전한 문장 뒤에 부연설명을 덧붙이고 싶을 때 to+동사원형을 사용하면 됩니다.

그런데 눈치 빠른 분들은 아셨을 거예요. to+동사원형의 위치가 달라진다는 것을요.

**I have a shirt to <u>wear</u>.**       나는 입을 셔츠가 있어.

**I exercise to <u>lose</u> weight.**       나 살 빼려고 운동해.

위의 문장을 보면 to+동사원형의 위치가 하나는 명사 뒤, 하나는 명사와 상관없이 문장 뒤입니다. 이게 바로 형용사와 부사의 차이점인데요, 이 부분은 패턴으로 넘어가 더 구체적으로 알아보겠습니다.

# 패턴5

# I have something to eat.
## 나는 먹을 것을 가지고 있어.

'읽을 책', '탈 차'와 같이 '책', '차' 등의 명사를 꾸며주는 역할을 하는 것이
바로 동사의 '형용사 역할'입니다. '~할'로 해석되는 것들이죠.

아래와 같이 꾸며주고 싶은 명사 뒤에 to + 동사원형을 붙여서 말하면 됩니다.

| | |
|---|---|
| **I have a book to read.** | 나는 읽을 책이 있다. |
| **I have a coke to drink.** | 나는 마실 콜라가 있다. |
| **I have a car to drive.** | 나는 운전할 차가 있다. |

여기서는 보다 많은 동사들로 훈련을 해보겠습니다. 많이 말해봐야 실전에
서 바로바로 사용할 수 있으니까요.

# ① to 형용사 문장 연습하기

| | | | |
|---|---|---|---|
| 마실 물 | water **to** drink | 연주할 기타 | a guitar **to** play |
| 생각할 시간 | time **to** think | 해야 할 숙제 | homework **to** do |
| 말할 이야기 | a story **to** tell | 줄 선물 | a present **to** give |
| 먹을 것 | something **to** eat | 만날 사람 | someone **to** meet |
| 낄 안경 | glasses **to** wear | 볼 영화 | a movie **to** watch |
| 초대할 사람 | someone **to** invite | 사랑할 사람 | someone **to** love |
| 소개할 친구 | a friend **to** introduce | 저금할 돈 | money **to** save |

# ② 문장 늘여 연습하기

| | |
|---|---|
| 난 쓸 돈 있어. | I have money **to** spend. |
| 난 쓸 돈 없어. | I don't have money **to** spend. |
| 넌 쓸 돈 있니? | Do you have money **to** spend? |
| 난 해야 할 숙제가 있어. | I have homework **to** do. |
| 난 해야 할 숙제가 없어. | I don't have homework **to** do. |
| 넌 해야 할 숙제가 있니? | Do you have homework **to** do? |

| | |
|---|---|
| 난 생각할 시간이 필요해. | I need time **to** <u>think</u>. |
| 난 생각할 시간이 필요 없어. | I don't need time **to** <u>think</u>. |
| 넌 생각할 시간이 필요하니? | Do you need time **to** <u>think</u>? |
| 그는 낄 안경이 있어. | He has glasses **to** <u>wear</u>. |
| 그는 낄 안경이 없어. | He doesn't have glasses **to** <u>wear</u>. |
| 그는 낄 안경이 있니? | Does he have glasses **to** <u>wear</u>? |

## REAL Conversation 〰〰〰〰〰〰〰〰〰〰〰〰〰〰〰〰〰〰〰〰〰

 Did you see 예나's car?

 Yeah. She bought a car last week.

 난 차 살 돈이 없어.

 Your car is still good.

A : 너 예나 차 봤어?                    B : 응. 지난주에 차 샀잖아.

A : **I don't have money to <u>buy</u> a car.**    B : 네 차 아직 괜찮아.

# I eat this **to** stay young.
## 나는 젊음을 유지하려고 이걸 먹어.

'~하기 위해서', '~하려고'라는 표현을 하고 싶을 때 사용하는 것이 바로 동사의 부사 역할입니다. 간단하게 말해 완전한 문장에 내용을 보충하는 거라고 생각하시면 됩니다. 부연설명을 하는 것이죠.

| | |
|---|---|
| **I go.** | 나는 간다. |
| **I go to study.** | 나는 공부하려고 간다. |
| | |
| **I exercise.** | 나는 운동해. |
| **I exercise to lose weight.** | 나는 살 빼려고 운동해. |

그래서 패턴6의 to+동사원형 덩어리는 문장에 없어도 그만입니다. 위치 역시 완전한 문장 뒤에 오고요.

형용사니 부사니 그렇게 어렵게 외우지 말고 명사를 꾸미는 것이냐(형용사), 완전한 문장 뒤에서 부연설명을 하는 것이냐(부사)만 기억하세요.

**1** **to 부사 문장 연습하기**

| 보려고 | **to** see | 달리려고 | **to** run |
|---|---|---|---|
| 공부하려고 | **to** study | 사려고 | **to** buy |
| 만들려고 | **to** make | 앉으려고 | **to** sit |
| 걸으려고 | **to** walk | 여행하려고 | **to** travel |
| 머무르려고 | **to** stay | 도착하려고 | **to** get |
| 생각하려고 | **to** think | 물어보려고 | **to** ask |

**2** **문장 늘여 연습하기**

난 취직하려고 이것을 한다.        I do this **to** get a job.

난 취직하려고 이것을 하는 게 아니다.    I don't do this **to** get a job.

넌 취직하려고 이것을 하니? — Do you do this **to** <u>get</u> a job?

난 예뻐 보이려고 이것을 입는다. — I wear this **to** <u>look</u> pretty.

난 예뻐 보이려고 이것을
입는 게 아니다. — I don't wear this **to** <u>look</u> pretty.

넌 예뻐 보이려고 이것을 입니? — Do you wear this **to** <u>look</u> pretty?

난 돈 벌려고 이것을 판다. — I sell this **to** <u>make</u> money.

난 돈 벌려고 이것을 팔지 않는다. — I don't sell this **to** <u>make</u> money.

넌 돈 벌려고 이것을 파니? — Do you sell this **to** <u>make</u> money?

## REAL Conversation

Do you have money?

응. 나 여행 가려고 돈 모았어.

Cool!

It was really hard.

A : 너 돈 있어?　　　　　　B : **Yeah. I saved some money to <u>travel</u>.**

A : 멋진데!　　　　　　　　B : 진짜 힘들었어.

• 동사의 형용사/부사 역할 익숙해지기 •

주어진 동사를 활용해 한국어 문장을 영어 문장으로 바꾸어 말해보세요.

## save money (돈을 저금하다)

난 저금할 돈 있어.      I have money to <u>save</u>.

난 저금할 돈 없어.      I don't have money to <u>save</u>.

넌 저금할 돈 있니?      Do you have money to <u>save</u>?

## do homework (숙제하다)

난 해야 할 숙제가 있어.      I have homework to <u>do</u>.

난 해야 할 숙제가 없어.      I don't have homework to <u>do</u>.

넌 해야 할 숙제가 있니?      Do you have homework to <u>do</u>?

## drink water (물 마시다)

난 마실 물이 있어.      I have water to <u>drink</u>.

난 마실 물이 없어.      I don't have water to <u>drink</u>.

넌 마실 물이 있니?      Do you have water to <u>drink</u>?

## stay young (젊어지다 * work out : 운동하다)

난 젊어지려고 운동해.      I work out to <u>stay</u> young.

난 젊어지려고 운동하지 않아.      I don't work out to <u>stay</u> young.

넌 젊어지려고 운동하니?      Do you work out to <u>stay</u> young?

## look smart (똑똑해 보이다)

난 똑똑해 보이려고 안경 써.      I wear glasses to <u>look</u> smart.

난 똑똑해 보이려고 안경 쓰지 않아.      I don't wear glasses to <u>look</u> smart.

넌 똑똑해 보이려고 안경 쓰니?      Do you wear glasses to <u>look</u> smart?

## get there (거기 가다)

난 거기 가려고 택시 타.      I take a taxi to <u>get</u> there.

난 거기 가려고 택시 타지 않아.      I don't take a taxi to <u>get</u> there.

넌 거기 가려고 택시 타니?      Do you take a taxi to <u>get</u> there?

# 03

# 명사를 활용해 길게 말하기

# and, and, and는
# 이제 그만!

'어제 500원 주고 산 오렌지'는 영어로 어떻게 말해야 할까요? 제가 이런 질문을 던지면 대부분의 학생들이 이렇게 말해요.

**I bought an orange yesterday, and it was 500won.**

물론 틀린 말은 아니에요. 하지만 좀 더 원어민스럽고 센스 있게 말할 수는 없을까요? and를 버리고 아래와 같이 말해보세요.

**The orange which I bought yesterday was 500won.**

우리는 보통 문장을 늘여야 할 때 무의식적으로 'and'를 사용합니다. 그게 잘못된 건 아니지만 and를 계속 남발하면 부자연스럽게 느껴져요. 마치 한국어로 "나 어제 오렌지 샀어. 그리고 그거 500원이었어"라고 말하는 것과 같은 느낌이죠. 우리말을 할 때도 '그리고, 그리고, 그리고'를 남발하면 어색하게 느껴지잖아요.

여기서는 and를 사용하지 않고도 영어를 길게 말하는 훈련을 해보려고 합니다. 바로 who, when, where, why, which 등과 같은 관계대명사를 활용해서 말이죠.

| | |
|---|---|
| **who** | 누구 |
| **when** | 언제 |
| **where** | 어디서 |
| **why** | 왜 |
| **which** | 어떤 |

who, when, where, why, which라고 하면 가장 먼저 떠오르는 것은 바로 의문문일 거예요. 흔히들 의문사의문문이라고 부르는 것이죠. 하지만 의문문이 아닌 평서문에도 who, when, where, why, which를 활용합니다. 바로 명사를 꾸며 문장을 길게 늘일 때 말이죠.

| | |
|---|---|
| **the man** who **is tall** | 키 큰 남자 |
| **the man** who I **teach** | 내가 가르치는 남자 |
| **the man** who I **met** | 내가 만난 남자 |
| **the reason** why I **am late** | 내가 늦은 이유 |
| **the orange** which I **bought** | 내가 산 오렌지 |

명사를 꾸며주는 말이 명사 뒤에 나오는 경우 문법적으로 '후치수식'이라고 합니다. 단어가 조금 생소한가요? 하지만 개념은 간단합니다. 명사를 '뒤'에서 '수식'한다는 것이죠.

| | |
|---|---|
| **I ate** | **the orange**. |
| 난 먹었어 | 그 오렌지를 |
| | **the orange** which I **bought yesterday**. |
| | 어제 산 오렌지를 |
| | |
| **I like** | **the man**. |
| 난 좋아해 | 그 남자를 |
| | **the man** who **cooks in the kitchen**. |
| | 부엌에서 요리하는 그 남자를 |

후치수식은 주로 who, when, where, why, which, that 등과 같은 관계대명사를 활용합니다. 후치수식을 활용하면 문장을 길게 늘여 말할 수 있어요. 여기서 기억해야 할 연습 포인트는 딱 두 가지입니다.


## 포인트 1.  명사 뒤에 꾸미는 말을 붙여서 '명사 덩어리'를 만든다.

내가 꾸며주고 싶은 명사를 먼저 말하고, 그 뒤에 어울리는 관계대명사를 붙여 꾸며줍니다. 남자(the man)는 남자인데, 부엌에서 요리하고 있는 남자(the man who cooks in the kitchen)라고 명사 덩어리를 만들어주는 겁니다.


## 포인트 2.  이렇게 만든 명사 덩어리를 문장 안에 넣어준다.

명사 덩어리는 완성된 문장이 아니라 '단어 대신 쓸 수 있는 긴 덩어리'입니다. 결국 문장 안에 넣어야 완성이 되는 것이죠. '나는 부엌에서 요리하고 있는 그 남자를 좋아해(I like the man who cooks in the kitchen.)'라고 문장으로 완성시켜줘야 합니다.


아마 이번 3부를 훈련하다 보면 내 영어가 늘고 있다는 느낌을 더 강하게 받으실 거예요. 왜냐하면 단어를 늘여가는 재미를 느끼다 보면 어느 순간 문장이 풍부해지는 것도 느낄 수 있을 테니까요.

# 주어와 목적어를 길게 늘여주는
# who와 which

주어와 목적어 자리에 오는 명사는 크게 사람과 사물로 나눌 수 있습니다.

| I | have | a car |
|---|------|-------|
| **A car** | **has** | **2 doors** |

| 주어 | + | 동사 | + | 목적어 |
|------|---|------|---|--------|
| (사람/사물) | | | | (사람/사물) |

　　단순히 나, 우리, 자동차, 테이블 같은 대명사나 명사만 주어로 쓴다면 얼마나 간결하고 편할까요? 하지만 우리가 평소에 사용하는 말은 이렇게 짧고 단순하지 않아요. 훨씬 복잡하고 다양한 정보를 담고 있죠. 키가 큰 여자, 영어를 가르치는 남자, 멋있는 집들, 문이 두 개 있는 자동차 등과 같이요.

사람과 사물을 꾸며서 문장을 늘일 때는 who와 which를 사용합니다. 사람을 꾸밀 때는 who, 사물을 꾸밀 때는 which를 사용하죠.

**사람**

**the woman** who is **tall**

**the man** who teaches **English**

**사물**

**houses** which are **nice**

**the car** which has **2 doors**

간단하죠? 단, 여기서 한 가지 주의해야 할 것이 있어요. 바로 계속 강조해 왔던 동사 12패턴! 동사에는 몇 가지 종류가 있다고 했죠? be동사와 일반동사, 두 가지죠! who와 which 앞의 명사가 단수인지, 복수인지에 따라 who와 which 뒤의 동사도 변해요. 동사 12패턴이 그대로 적용됩니다.

만약 '이게 무슨 소리지?'라는 생각이 드신다면 바로 이 책을 덮고 다시 12패턴부터 복습하셔야 합니다. 기초가 탄탄해야 문장 늘이기도 가능하니까요.

# I know the man who is in Korea.
## 한국에 있는 남자를 알아.

수식하고 싶은 명사가 사람일 때는 'who'를 사용해 문장을 늘여줍니다. 명사 뒤에 who를 쓰고 그 사람을 설명해주는 말을 붙여주기만 하면 돼요.

**the man** + **who** + 꾸미고 싶은 말

단, who 앞의 명사 형태에 따라 who 뒤의 동사 형태도 달라집니다. 여기서는 먼저 who+be동사 패턴을 연습하겠습니다.

**the man** + **who** + **is in Korea**
단수 사람                     is

**people** + who + **are in Korea**

복수 사람                    are

동사 12패턴 중 be동사 6패턴, 기억하시죠? 주어가 단수일 때는 is, 복수일 때는 are. 여기서도 똑같이 적용됩니다.

'사람 명사+who'가 입에서 자연스럽게 나올 때까지 붙여 말하기 연습을 충분히 해주세요. 그런 다음 꾸며주는 명사가 단수인지 복수인지에 따라 동사의 형태만 결정해주면 됩니다.

## 1 who 덩어리 문장 연습하기

| | |
|---|---|
| 통통한 남자 | the man **who is** chubby |
| 통통하지 않은 남자 | the man **who is not** chubby |
| 시끄러운 남자 | the man **who is** noisy |
| 시끄럽지 않은 남자 | the man **who is not** noisy |
| 변호사인 여자 | the woman **who is** a lawyer |
| 변호사가 아닌 여자 | the woman **who is not** a lawyer |
| 직장에 있는 사람들 | people **who are** at work |
| 직장에 있지 않은 사람들 | people **who are not** at work |

| 역에 있는 사람들 | people **who are** at the station |
| 역에 있지 않은 사람들 | people **who are not** at the station |

| 난 일하는 남자가 좋아. | I like <u>the man</u> **who is** at work. |
| 일하고 있는 사람은 내 친구야. | <u>The man</u> **who is** at work is my friend. |
| 저녁을 먹고 있는 남자를 좋아하니? | Do you like <u>the man</u> **who is** having dinner? |
| 저녁을 먹고 있는 남자는 내 선생님이야. | <u>The man</u> **who is** having dinner is my teacher. |
| 난 달리고 있는 남자를 본다. | I see <u>the man</u> **who is** running. |
| 달리고 있는 남자는 선수야. | <u>The man</u> **who is** running is a player. |
| 웃고 있는 남자 소리가 들리니? | Do you hear <u>the man</u> **who is** laughing? |
| 웃고 있는 남자는 재미있어. | <u>The man</u> **who is** laughing is funny. |

| 이야기하고 있는 여자를 아니? | Do you know <u>the woman</u> **who is** talking? |
| 이야기하고 있는 여자는 예뻐. | <u>The woman</u> **who is** talking is pretty. |
| 난 수영하고 있는 여자를 알아. | I know <u>the woman</u> **who is** swimming. |
| 수영하고 있는 여자는 빨라. | <u>The woman</u> **who is** swimming is fast. |

## REAL Conversation

Where is your mother?

저기 키 큰 여자가 우리 엄마야.

Really? She looks like you.

Yeah. I hear that a lot.

A : 너네 엄마 어디 계시니?    B : **The woman** <u>who is</u> **tall is my mother.**

A : 정말? 너랑 닮았다.    B : 응. 그런 말 많이 들어.

# I know the man who teaches English.
## 난 영어를 가르치는 남자를 알아.

패턴7과 마찬가지로 수식하고 싶은 명사가 사람일 때는 'who'를 사용해 문장을 늘여줍니다. 단, 패턴8에는 일반동사가 등장하죠.

be동사가 상태를 나타낸다면, 일반동사는 습관처럼 늘 하는 행동이라고 생각하면 쉽습니다. be동사는 '~이다'로, 일반동사는 '~하다'로 해석되지요.

| | |
|---|---|
| the man who is in Korea | 한국에 사는 남자 (상태) |
| the man who teaches English | 영어를 가르치는 남자 (행동) |
| the man who likes coffee | 커피를 좋아하는 남자 (취향) |
| the man who goes to school | 학교에 다니는 남자 (직업) |

일반동사는 be동사보다는 의미가 명확하기 때문에 활용도가 높습니다.

여기서도 12패턴은 다시 등장합니다. 일반동사 6패턴에서 동사가 변하는 규칙, 기억나시나요? 여기서도 동일하게 적용됩니다. who 앞의 명사가 단수일 때는 3인칭동사, 복수일 때는 동사원형을 사용하면 됩니다.

**the man** + **who** + **teaches English**
단수 사람              일반동사 -s, -es

**people** + **who** + **study English**
복수 사람              일반동사

복잡하게 느껴질 수 있겠지만 who 앞의 명사가 단수일 때, 동사가 -s, -es 로 변하는 부분만 주의해서 말하면 됩니다.

**1 who 덩어리 문장 연습하기**

| | |
|---|---|
| 아기를 좋아하는 남자 | the man **who likes** babies |
| 아기를 좋아하지 않는 남자 | the man **who doesn't like** babies |
| 말을 많이 하는 여자 | the woman **who talks** a lot |

| 말을 많이 하지 않는 여자 | the woman **who doesn't talk** a lot |
| 매일 요리하는 사람들 | people **who cook** every day |
| 매일 요리하지 않는 사람들 | people **who don't cook** every day |
| 테니스 치는 사람들 | people **who play** tennis |
| 테니스 치지 않는 사람들 | people **who don't play** tennis |
| 교회에 가는 사람들 | people **who go** to church |
| 교회에 가지 않는 사람들 | people **who don't go** to church |

## 2 완성 문장 연습하기

| 난 말을 많이 하는 사람을 알고 있어. | I know the man **who talks** a lot. |
| 말을 많이 하는 사람이 내 친구야. | The man **who talks** a lot is my friend. |
| 넌 매일 요리하는 사람을 알고 있니? | Do you know the man **who cooks** every day? |
| 매일 요리하는 사람은 멋져. | The man **who cooks** every day is nice. |
| 난 열심히 일하는 남자가 좋아. | I like the man **who works** hard. |

열심히 일하는 남자는 부자야.    The man **who works** hard is rich.

난 교회 다니는 여자를 알아.    I know the woman **who goes** to
church.

교회 다니는 여자는 친절해.    The woman **who goes** to church is
kind.

## REAL Conversation ∞∞∞∞∞∞∞∞∞∞∞∞∞∞∞∞∞∞∞∞∞∞∞∞∞∞∞∞∞∞∞

How was your blind date?

It was my second one this week.

Who do you like better?

책 많이 읽는 남자가 좋아.

A : 소개팅 어땠어?    B : 이번 주가 두 번째 소개팅이었어.

A : 누가 더 좋은데?    B : **I like the man who reads a lot.**

# I like the car which is small.
## 난 작은 차가 좋아.

사물을 꾸며줄 때는 who 대신 which를 사용합니다. 앞에서 who 패턴을 충분히 연습하셨다면 단어만 바꿔서 그대로 말한다고 생각하셔도 됩니다.

**the car** + which + **is small**
단수 사물

**cars** + which + **are small**
복수 사물

사물을 꾸미는 말에는 상태, 명칭, 장소, 동작의 진행 등 네 가지 경우가 있는데 다 알 필요는 없어요. 여기서는 활용도가 높은 상태와 장소, 두 가지에만 집중해서 훈련해볼게요.

앞선 훈련과 마찬가지로 'which + be동사'로 덩어리를 만들어 입에 익혀보고 그 뒤에 문장을 완성해보세요.

만약 is와 are가 헷갈리신다면 지금 당장 1부로 돌아가 동사 12패턴을 다시 연습하세요. 그중에서도 지금 우리가 연습하고 있는 패턴9에 적용되는 건 be 동사 6패턴입니다. 언제 어디서든 동사 12패턴이 응용된다는 것, 꼭 기억하시고 반드시 입으로 익히세요.

## 1 which 덩어리 문장 연습하기

| | |
|---|---|
| 오래된 차 | the car **which is** old |
| 오래되지 않은 차 | the car **which is not** old |
| 길거리에 있는 차들 | cars **which are** on the street |
| 길거리에 있지 않은 차들 | cars **which are not** on the street |
| 뜨거운 냄비 | the pot **which is** hot |
| 뜨겁지 않은 냄비 | the pot **which is not** hot |
| 언덕에 있는 건물들 | buildings **which are** on the hill |
| 언덕에 있지 않은 건물들 | buildings **which are not** on the hill |
| 비어 있는 병 | the bottle **which is** empty |
| 비어 있지 않은 병 | the bottle **which is not** empty |

| 도서관에 있는 책상들 | <u>desks</u> **which are** in the library |
| 도서관에 있지 않은 책상들 | <u>desks</u> **which are not** in the library |

**완성 문장 연습하기**

| 난 깨끗한 차를 원한다. | I want <u>the car</u> **which is** clean. |
| 깨끗한 차는 내 것이다. | <u>The car</u> **which is** clean is mine. |
| 난 싱크대에 있는 컵들을 씻는다. | I wash <u>the cups</u> **which are** in the sink. |
| 싱크대에 있는 컵들은 깨끗하지 않다. | <u>The cups</u> **which are** in the sink are not clean. |
| 난 도서관에 있는 컴퓨터를 원하지 않는다. | I don't want <u>the computer</u> **which is** in the library. |
| 도서관에 있는 컴퓨터는 내 것이 아니다. | <u>The computer</u> **which is** in the library is not mine. |
| 난 빨간 코트를 입는다. | I wear <u>the coat</u> **which is** red. |
| 빨간 코트는 새것이 아니다. | <u>The coat</u> **which is** red is not new. |
| 난 테이블 위에 있는 케이크를 먹는다. | I eat <u>the cake</u> **which is** on the table. |

| | |
|---|---|
| 테이블 위에 있는 케이크는 달지 않다. | The cake **which is** on the table is not sweet. |
| 난 갈색 박스들을 연다. | I open <u>the boxes</u> **which are** brown. |
| 갈색 박스들은 크지 않다. | <u>The boxes</u> **which are** brown are not big. |
| 난 아기를 위한 장난감을 산다. | I buy <u>the toys</u> **which are** for babies. |
| 아기를 위한 장난감은 싸지 않다. | <u>The toys</u> **which are** for babies are not cheap. |

기초회화 3
문장확장 122강

## REAL Conversation ⬦⬦⬦⬦⬦⬦⬦⬦⬦⬦⬦⬦⬦⬦⬦⬦⬦⬦⬦⬦⬦⬦⬦⬦⬦⬦⬦⬦⬦⬦⬦⬦⬦

 How about this color?

난 빨간 립스틱은 좋아하지 않아.

 You can choose a different color. I'll buy it for you.

Thanks.

A : 이 색깔 어때?

A : 다른 것으로 골라봐. 내가 사줄게.

B : **I don't like <u>lipstick</u> which is red.**

B : 고마워.

# I like the car which looks new.

## 난 새것처럼 보이는 차가 좋아.

패턴10은 'which+일반동사'입니다. 패턴8에서 배운 'who + 일반동사'와 패턴은 같아요. 사람 명사 대신 사물 명사가 오고, who 대신 which를 쓴다는 것이 다르죠.

which 앞의 명사가 단수인지, 복수인지 파악한 뒤 동사의 형태에만 주의해 주세요!

| the car | + which + | looks new |
|---------|-----------|-----------|
| 단수 사물 | | 일반동사 -s, -es |

| cars | + which + | look new |
|------|-----------|----------|
| 복수 사물 | | 일반동사 |

여기서 응용되는 건 동사 12패턴, 그중에서도 일반동사 6패턴입니다. 만약 동사가 단수인지, 복수인지 헷갈리신다면 지금 당장 1부로 돌아가서 동사 패턴부터 다시 연습하셔야 합니다. which 앞의 명사가 한 개일 경우에는 일반동사 뒤에 -s, -es를, 여러 개일 경우에는 일반동사 그대로 사용하시면 됩니다.

## 1 which 덩어리 문장 연습하기

| 새것처럼 보이는 차 | the car **which looks** new |
| 새것처럼 보이지 않는 차 | the car **which doesn't look** new |
| 나를 행복하게 만드는 개 | the dog **which makes** me happy |
| 나를 행복하게 만들지 않는 개 | the dog **which doesn't make** me happy |
| 행운을 가져오는 표시들 | signs **which bring** good luck |
| 행운을 가져오지 않는 표시들 | signs **which don't bring** good luck |
| 일찍 문 여는 가게들 | stores **which open** early |
| 일찍 문 열지 않는 가게들 | stores **which don't open** early |
| 적을 공격하는 군대 | the army **which attacks** enemies |

| 적을 공격하지 않는 군대 | the army **which doesn't attack** enemies |
| 시간을 나타내는 시계 | the clock **which shows** the time |
| 시간을 나타내지 않는 시계 | the clock **which doesn't show** the time |

## ② 완성 문장 연습하기

| 쉽게 망가지는 차는 좋지 않다. | The car **which breaks** down easily is not good. |
| 난 쉽게 망가지지 않는 차를 원한다. | I need the car **which doesn't break** down easily. |
| 벨 소리 나는 전화는 시끄럽다. | The phone **which rings** is loud. |
| 난 벨 소리 안 나는 전화가 있다. | I have the phone **which doesn't ring**. |
| 많이 먹는 소는 건강하다. | The cow **which eats** a lot is healthy. |
| 먹지 않는 소는 건강하지 않다. | The cow **which doesn't eat** is not healthy. |
| 난 냄새 나는 치즈를 먹었다. | I ate the cheese **which smells**. |

냄새 나지 않는 치즈가 좋다.

The cheese **which doesn't smell** is good.

난 물이 새는 파이프들을 고친다.

I fix the pipes **which leak**.

물이 새지 않는 파이프들은 튼튼하다.

The pipes **which don't leak** are strong.

## REAL Conversation

What are you eating?

어제 산 빵 진짜 맛있어!

Really? Give me some.

Here.

A : 뭐 먹고 있어?　　B : **The bread** which **I bought** yesterday is really good.

A : 그래? 나도 좀 줘.　　B : 여기 있어.

## 트레이닝

# • who와 which로 문장 늘이기 •

who와 which를 활용해 한국어 문장을 영어 문장으로 바꾸어 말해보세요.

## who

난 나에게 친절한 남자를 좋아해.

I like <u>the man</u> who is kind to me.

난 나에게 친절한 남자를 안 좋아해.

I don't like <u>the man</u> who is kind to me.

넌 너에게 친절한 남자를 좋아해?

Do you like <u>the man</u> who is kind to you?

난 나에게 친절한 사람들을 좋아해.

I like <u>people</u> who are kind to me.

난 나에게 친절한 사람들을 안 좋아해.

I don't like <u>people</u> who are kind to me.

넌 너에게 친절한 사람들을 좋아해?

Do you like <u>people</u> who are kind to you?

너에게 화가 난 남자가 여기 있어.

<u>The man</u> who is angry at you is here.

너에게 화가 난 남자가 여기 없어.

<u>The man</u> who is angry at you is not here.

너에게 화가 난 남자가 여기 있어?

Is <u>the man</u> who is angry at you here?

너에게 화가 난 사람들이 여기 있어.

<u>People</u> who are angry at you are here.

너에게 화가 난 사람들이 여기 없어.

<u>People</u> who are angry at you are not here.

너에게 화가 난 사람들이 여기 있어?

Are <u>people</u> who are angry at you here?

## who

난 음악 좋아하는 남자를 좋아해.

I like the man who likes music.

난 음악 좋아하는 남자를 안 좋아해.

I don't like the man who likes music.

넌 음악 좋아하는 남자를 좋아해?

Do you like the man who likes music?

난 음악 좋아하는 사람들을 좋아해.

I like people who like music.

난 음악 좋아하는 사람들을 안 좋아해.

I don't like people who like music.

넌 음악 좋아하는 사람들을 좋아해?

Do you like people who like music?

열심히 일하는 남자가 여기 있어.

The man who works hard is here.

열심히 일하는 남자가 여기 없어.

The man who works hard is not here.

열심히 일하는 남자가 여기 있어?

Is the man who works hard here?

열심히 일하는 사람들이 여기 있어.

People who work hard are here.

열심히 일하는 사람들이 여기 없어.

People who work hard are not here.

열심히 일하는 사람들이 여기 있어?

Are people who work hard here?

## which

| | |
|---|---|
| 난 작은 차를 좋아해. | I like <u>the car</u> which is small. |
| 난 작은 차를 안 좋아해. | I don't like <u>the car</u> which is small. |
| 넌 작은 차를 좋아해? | Do you like <u>the car</u> which is small? |
| 난 작은 차들을 좋아해. | I like <u>cars</u> which are small. |
| 난 작은 차들을 안 좋아해. | I don't like <u>cars</u> which are small. |
| 넌 작은 차들을 좋아해? | Do you like <u>cars</u> which are small? |
| 오래된 차가 여기 있어. | <u>The car</u> which is old is here. |
| 오래된 차가 여기 없어. | <u>The car</u> which is old is not here. |
| 오래된 차가 여기 있어? | Is <u>the car</u> which is old here? |
| 오래된 차들이 여기 있어. | <u>Cars</u> which are old are here. |
| 오래된 차들이 여기 없어. | <u>Cars</u> which are old are not here. |
| 오래된 차들이 여기 있어? | Are <u>cars</u> which are old here? |

## which

| | |
|---|---|
| 난 빨리 달리는 차를 좋아해. | I like <u>the car</u> which goes fast. |
| 난 빨리 달리는 차를 안 좋아해. | I don't like <u>the car</u> which goes fast. |
| 넌 빨리 달리는 차를 좋아해? | Do you like <u>the car</u> which goes fast? |
| 난 빨리 달리는 차들을 좋아해. | I like <u>cars</u> which go fast. |
| 난 빨리 달리는 차들을 안 좋아해. | I don't like <u>cars</u> which go fast. |
| 넌 빨리 달리는 차들을 좋아해? | Do you like <u>cars</u> which go fast? |
| 오래돼 보이는 차가 여기에 있어. | <u>The car</u> which looks old is here. |
| 오래돼 보이는 차가 여기에 없어. | <u>The car</u> which looks old is not here. |
| 오래돼 보이는 차가 여기에 있어? | Is <u>the car</u> which looks old here? |
| 오래돼 보이는 차들이 여기에 있어. | <u>Cars</u> which look old are here. |
| 오래돼 보이는 차들이 여기에 없어. | <u>Cars</u> which look old are not here. |
| 오래돼 보이는 차들이 여기에 있어? | Are <u>cars</u> which look old here? |

# 복잡하고 어려울 땐
# 생략도 가능합니다

사람과 사물 명사를 꾸밀 때 뒤에 who와 which를 붙여주는 패턴은 비교적 간단한 편입니다. 하지만 이마저도 문장이 길어지면 다소 복잡하게 느껴질 수 있어요. 이럴 때 활용할 수 있는 것이 바로 -ing와 p. p.패턴입니다.

결론부터 설명하면, 'who/which+be동사'를 생략하고 명사 뒤에 동사의 -ing형이나 p. p.형만 붙여서 문장을 늘일 수 있습니다.

**the man who is drinking beer**

→ **the man drinking beer**

맥주 마시고 있는 남자

**the chair which is painted green**

→ **the chair painted green**

초록색으로 페인트칠된 의자

왜 이게 가능하냐고요? 능동과 수동의 개념을 떠올리면 보다 쉽게 이해될 거예요.

**the man drinking beer**

(능동) 맥주를 마시고 있는 남자

**the chair painted green**

(수동) 초록색으로 페인트칠된 의자

그렇다면 모든 who와 which가 생략될 수 있느냐. 앞서 말했듯이 'who/which+be동사'일 때만 가능합니다. 즉 일반동사의 경우에는 생략될 수 없다는 것이죠.

be동사는 보조적인 역할(~이다)만 하기 때문에 생략하더라도 문장 전체의 의미에 큰 영향을 끼치지 않습니다. 명확한 뜻을 담고 있는 일반동사만 -ing나 p.p.형으로 짧게 써도 의미 전달에는 전혀 문제가 없으니까요.

# I know <u>the man</u> <u>teach</u>ing English.

## 난 영어를 가르치고 있는 남자를 알아.

who를 쓰지 않고 사람을 꾸미는 첫 번째 패턴은 -ing패턴입니다. 동사의 -ing형은 능동의 의미로, 수식하는 명사(사람)의 동작을 묘사할 때 주로 써요. '가르치는 남자', '학교 가는 학생'처럼 말이죠.

**the man who is teach**ing English        영어 가르치고 있는 남자
↓
**the man teach**ing English

**people who are drink**ing beer        맥주 마시고 있는 사람들
↓
**people drink**ing beer

이 패턴에는 또 다른 장점이 있어요. 바로 동사 변화를 고민할 필요가 없다는 점입니다. 즉 동사원형이나 3인칭동사(-s, -es)냐를 고민할 필요 없이 무조건 -ing만 쓰면 된다는 거죠. 정말 쉽죠?

## ① 사람 + -ing 덩어리 문장 연습하기

| | |
|---|---|
| 저녁을 먹고 있는 남자 | the man having dinner |
| 저녁을 먹고 있지 않은 남자 | the man not having dinner |
| 그녀와 이야기하고 있는 사람들 | people talking with her |
| 그녀와 이야기하고 있지 않은 사람들 | people not talking with her |
| 드레스를 입고 있는 여자 | the woman wearing a dress |
| 드레스를 입고 있지 않은 여자 | the woman not wearing a dress |

## ② 완성 문장 연습하기

| | |
|---|---|
| 난 의자에 앉아 있는 남자를 볼 수 있다. | I can see the man sitting on the chair. |

| | |
|---|---|
| 의자에 앉아 있는 사람은 나를 좋아한다. | The man sitting on the chair likes me. |
| 난 코너에 서 있는 여자를 좋아한다. | I like the woman standing in the corner. |
| 코너에 서 있는 여자는 말을 많이 하지 않는다. | The woman standing in the corner doesn't talk much. |
| 난 카페에 앉아 있는 여자에게 전화했다. | I called the woman sitting in the café. |
| 카페에 앉아 있는 여자는 매일 온다. | The woman sitting in the café comes every day. |

## REAL Conversation

Do you see the children over there?

그림 그리고 있는 아이들이 보여.

Aren't they so pretty?

Yeah, as pretty as angels.

A : 저기 아이들 보여?

B : **I can see the children drawing pictures.**

A : 너무 예쁘지 않아?

B : 그래. 천사들같이 예쁘다.

**패턴12**

# I know <u>the man</u> taught by me.
## 난 나에게 가르침을 받은 남자를 알아.

who를 쓰지 않고 사람을 꾸미는 두 번째 방법은 바로 p. p.형을 활용하는 패턴입니다. 앞서 연습한 동사의 -ing형이 능동적인 뉘앙스라면, p. p.는 수동적인 뉘앙스예요.

<u>the man</u> who is taught by me                      나에게 가르침을 받은 남자

↓

<u>the man</u> taught by me

<u>people</u> who are called Hero                      영웅이라고 불리는 사람들

↓

<u>people</u> called Hero

113

p. p. 앞에 생략된 'who is', 'who are'를 붙이면 자연스럽게 수동태 문장이 완성되는 게 보이시죠? 해석도 수동태와 똑같이 하면 됩니다.

## 1 사람 + -p.p. 덩어리 문장 연습하기

| | |
|---|---|
| 사람들에게 사랑받는 남자 | the man lov**ed** by people |
| 사람들에게 사랑받지 않은 남자 | the man <u>not</u> lov**ed** by people |
| 공에 맞은 사람들 | people **hit** by a ball |
| 공에 맞지 않은 사람들 | people <u>not</u> **hit** by a ball |
| 경찰에 잡힌 사람들 | people **caught** by the police |
| 경찰에 잡히지 않은 사람들 | people <u>not</u> **caught** by the police |
| 선생님의 도움을 받은 소년 | the boy help**ed** by the teacher |
| 선생님의 도움을 받지 않은 소년 | the boy <u>not</u> help**ed** by the teacher |
| 소녀에게 밀쳐진 소년 | the boy push**ed** by the girl |
| 소녀에게 밀쳐지지 않은 소년 | the boy <u>not</u> push**ed** by the girl |

## 2 완성 문장 연습하기

난 개에 물린 남자와 이야기했다.    I talked with <u>the man</u> **bitten** by a dog.

공에 맞은 남자와 이야기했었니?    Did you talk with <u>the man</u> **hit** by a ball?

공에 맞지 않은 남자는 내 친구다.    <u>The man</u> <u>not</u> **hit** by a ball is my friend.

나는 상사에게 해고된 여자를 안다.    I know <u>the woman</u> fir**ed** by the boss.

상사에게 해고된 여자는 나다.    <u>The woman</u> fir**ed** by the boss is me.


## REAL Conversation ◇◇◇◇◇◇◇◇◇◇◇◇◇◇◇◇◇◇◇◇◇◇◇◇◇◇◇◇◇◇◇◇◇◇◇◇◇◇◇◇◇◇◇◇

나 어제 개에 물린 여자를 봤어.

Oh no! Was she hurt a lot?

She went to the hospital right away.

I hope she's okay.

A : **I saw <u>a woman</u> bitten** by a dog yesterday.    B : 어머! 많이 다쳤어?

A : 바로 병원에 갔지.    B : 괜찮았으면 좋겠다.

# I own the car imported from Germany.
## 난 독일에서 수입된 차를 가지고 있어.

who를 쓰지 않고 사람을 꾸밀 수 있는 것처럼, which를 쓰지 않고 사물을 꾸밀 수 있는 방법도 있습니다. 바로 'which+be동사'를 생략하고 p. p.꼴을 붙이면 됩니다.

**the car imported from Germany**      독일에서 수입된 차

↓

**the car which was imported from Germany**

여기서 잠깐! '사물에는 왜 동사의 -ing 패턴이 없나요?' 하고 묻는 분도 계실 거예요. -ing는 능동의 의미이기 때문에 사물과 같이 쓰면 다소 어색한 느낌을 줍니다. '움직이는 책상', '말하는 자전거', 이상하지 않나요? 그래서 우리는 많이 사용하는 p. p.패턴만 중점적으로 연습합니다.

**1** 사물 + -p.p. 덩어리 문장 연습하기

| | |
|---|---|
| 오늘 구매된 차 | the car **bought** today |
| 오늘 구매되지 않은 차 | the car not **bought** today |
| 오늘 팔린 차 | the car **sold** today |
| 오늘 팔리지 않은 차 | the car not **sold** today |
| 오늘 아침에 세차된 차들 | cars wash**ed** this morning |
| 오늘 아침에 세차되지 않은 차들 | cars not wash**ed** this morning |
| 고객들에게 배달된 차들 | cars deliver**ed** to the customers |
| 고객들에게 배달되지 않은 차들 | cars not deliver**ed** to the customers |

**2** 완성 문장 연습하기

| | |
|---|---|
| 난 오늘 구매된 차들을 보았다. | I saw cars **bought** today. |
| 오늘 구매된 차들은 깨끗하다. | Cars **bought** today are clean. |
| 넌 오늘 아침에 도난당한 가방을 봤니? | Did you see the bag **stolen** this morning? |
| 오늘 아침에 도난당한 가방은 비싸다. | The bag **stolen** this morning is expensive. |

117

| 난 이번주에 팔린 자전거를 원했다. | I wanted <u>the bike</u> **sold** this week. |
| 이번주에 팔린 자전거는 굉장히 빠르다. | <u>The bike</u> **sold** this week is very fast. |
| 넌 오늘 아침에 구워진 파이를 먹었니? | Did you eat <u>the pie</u> bak**ed** this morning? |
| 오늘 아침에 구워진 파이가 사라졌다. | <u>The pie</u> bak**ed** this morning is gone. |

## REAL Conversation

Did I tell you I lost my wallet?

Yes, you told me. Did you find it?

아직. 몰에서 잃어버린 내 지갑은 비싼 거야.

That's too bad.

A : 내가 지갑 잃어버린 거 말했었니?                    B : 응, 말했어. 찾았어?

A : **Not yet. My <u>wallet</u> lost in the mall is expensive.**    B : 안됐다.

## • -ing와 p.p.로 문장 늘이기 •

who와 which를 생략한 -ing와 p.p.꼴로 한국어 문장을 영어 문장으로 바꾸어 말해보세요.

### 사람+-ing

| | |
|---|---|
| 난 저녁 먹고 있는 남자를 봤어. | I saw <u>the man hav</u>ing dinner. |
| 난 저녁 먹고 있는 남자를 못 봤어. | I didn't see <u>the man hav</u>ing dinner. |
| 넌 저녁 먹고 있는 남자를 봤어? | Did you see <u>the man hav</u>ing dinner? |
| 난 저녁 먹고 있는 사람들을 봤어. | I saw <u>people hav</u>ing dinner. |
| 난 저녁 먹고 있는 사람들을 못 봤어. | I didn't see <u>people hav</u>ing dinner. |
| 넌 저녁 먹고 있는 사람들을 봤어? | Did you see <u>people hav</u>ing dinner? |
| 영어 공부하고 있는 남자가 여기에 있어. | <u>The man study</u>ing English is here. |
| 영어 공부하고 있는 남자가 여기에 없어. | <u>The man study</u>ing English is not here. |
| 영어 공부하고 있는 남자가 여기에 있어? | Is <u>the man study</u>ing English here? |
| 영어 공부하고 있는 사람들이 여기에 있어. | <u>People study</u>ing English are here. |
| 영어 공부하고 있는 사람들이 여기에 없어. | <u>People study</u>ing English are not here. |
| 영어 공부하고 있는 사람들이 여기에 있어? | Are <u>people study</u>ing English here? |

## 사람+p.p.

난 밖에 보이는 남자를 알아.

I know <u>the man</u> seen outside.

난 밖에 보이는 남자를 몰라.

I don't know <u>the man</u> seen outside.

넌 밖에 보이는 남자를 알아?

Do you know <u>the man</u> seen outside?

난 밖에 보이는 사람들을 알아.

I know <u>the people</u> seen outside.

난 밖에 보이는 사람들을 몰라.

I don't know <u>the people</u> seen outside.

넌 밖에 보이는 사람들을 알아?

Do you know <u>the people</u> seen outside?

공에 맞은 남자가 울었어.

<u>The man</u> hit by a ball cried.

공에 맞은 남자가 울지 않았어.

<u>The man</u> hit by a ball didn't cry.

공에 맞은 남자가 울었어?

Did <u>the man</u> hit by a ball cry?

공에 맞은 사람들이 울었어.

<u>The People</u> hit by balls cried.

공에 맞은 사람들이 울지 않았어.

<u>The People</u> hit by balls didn't cry.

공에 맞은 사람들이 울었어?

Did <u>the people</u> hit by balls cry?

## 사물＋p.p.

난 수리된 차를 샀어.      I bought <u>the car</u> repaired.

난 수리된 차를 사지 않았어.      I didn't buy <u>the car</u> repaired.

넌 수리된 차를 샀니?      Did you buy <u>the car</u> repaired?

난 수리된 차들을 샀어.      I bought <u>the cars</u> repaired.

난 수리된 차들을 사지 않았어.      I didn't buy <u>the cars</u> repaired.

넌 수리된 차들을 샀니?      Did you buy <u>the cars</u> repaired?

여기 주차된 차가 도난당했어.      <u>The car</u> parked here is stolen.

여기 주차된 차가 도난당하지 않았어.      <u>The car</u> parked here is not stolen.

여기 주차된 차가 도난당했어?      Is <u>the car</u> parked here stolen?

여기 주차된 차들이 도난당했어.      <u>The cars</u> parked here are stolen.

여기 주차된 차들이 도난당하지 않았어.      <u>The cars</u> parked here are not stolen.

여기 주차된 차들이 도난당했어?      Are <u>the cars</u> parked here stolen?

# 장소, 시간, 이유, 방법을 꾸밀 때 꼭 알아둬야 할 것

지금까지 사람(who)과 사물(which)을 수식하는 방법을 훈련했습니다. 지금부터는 문장을 보다 풍성하고 다채롭게 만들어주는 다섯 가지 패턴을 배워보겠습니다.

우리가 훈련할 패턴은 크게 장소, 시간, 이유, 방법으로 나눌 수 있어요. 각각 where, when, why, how를 붙여서 말하면 됩니다.

명사 + **where, when, why, how** + 주어 + 동사

| 장소 | **the place** where **I teach** | 내가 가르치는 곳 |
| 시간 | **the day** when **I teach** | 내가 가르치는 날 |
| 이유 | **the reason** why **I teach** | 내가 가르치는 이유 |
| 방법 | **how I teach** | 내가 가르치는 방법 |

앞선 패턴들을 충분히 훈련했다면 이번 패턴이 더욱 쉽게 느껴질 거예요. 다만, 여기서 알아두면 좋은 포인트가 있습니다. who, where 문장을 비교하며 살펴볼게요.

| who 패턴 | **the man** who **is tall** |
| where 패턴 | **the place** where **I live** |

who와 where 뒤에 오는 문장의 다른 점이 보이시나요?

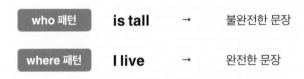

| who 패턴 | **is tall** | → | 불완전한 문장 |
| where 패턴 | **I live** | → | 완전한 문장 |

where, when, why, how는 who, which와 달리 뒤에 완전한 문장이 온다는 특징이 있습니다. 이유는 문장의 성격에 있는데요, 사람과 사물은 주어나 목적어처럼 문장의 필수 요소를 구성하는 반면, 장소·시간·이유·방법은 문장에서 주로 부수적인 역할을 하기 때문이에요.

회화는 눈으로 보는 게 아니라 무조건 말로 많이 해봐야 한다고 했죠? 이번 패턴은 비교적 간단하니 수십 번씩 입으로 말해보세요.

# This is the place where I teach.

## 이곳은 내가 가르치는 곳이야.

'장소'를 꾸미는 말은 where입니다. 그다음에는 항상 주어 + 동사가 나온다는 것만 기억하면 됩니다. 여기서 where는 꾸미는 말을 끌고 나오는 역할을 할 뿐이라서 해석할 필요가 없어요. 그러니 오로지 패턴에만 집중해서 연습하세요.

| | | | |
|---|---|---|---|
| the place | | | |
| the city | + where + | 주어 | + 동사 |
| the hotel | | | |

추가로 한 가지 더! 원어민들은 앞에 나온 장소나, 'where'를 생략하고 말하기도 합니다.

|  |  |  |
|---|---|---|
| <u>the place</u> | where | I live |
|  | where | I live |
| <u>the place</u> |  | I live |

세 가지 방식 모두 맞는 표현이에요. 선호도와 발음의 차이만 있기 때문에
여러분도 자신에게 잘 맞는 패턴을 골라 집중적으로 연습해보세요!

## 1 where 덩어리 문장 연습하기

| 내가 일하는 장소 | <u>the place</u> **where** I work |
|---|---|
| 내가 일하지 않는 장소 | <u>the place</u> **where** I don't work |
| 내가 머무는 장소 | <u>the place</u> **where** I stay |
| 내가 머물지 않는 장소 | <u>the place</u> **where** I don't stay |
| 내가 점심 먹는 장소 | <u>the place</u> **where** I have lunch |
| 내가 점심 먹지 않는 장소 | <u>the place</u> **where** I don't have lunch |
| 내가 요리하는 부엌들 | <u>kitchens</u> **where** I cook |
| 내가 요리하지 않는 부엌들 | <u>kitchens</u> **where** I don't cook |

| 내가 식사하는 부엌들 | kitchens **where** I eat |
| 내가 식사하지 않는 부엌들 | kitchens **where** I don't eat |

## ② 완성 문장 연습하기

| 그는 내가 여행하고 싶은 도시를 알고 있다. | He knows the city **where** I want to travel. |
| 그녀는 그녀가 태어난 나라를 사랑한다. | She loves the country **where** she was born. |
| 그녀가 태어난 나라는 아름답다. | The country **where** she was born is beautiful. |
| 난 내가 자란 동네를 방문했다. | I visited the town **where** I grew up. |
| 내가 자란 동네는 편하다. | The town **where** I grew up is comfortable. |
| 난 그녀가 일하는 동네를 안다. | I know the town **where** she works. |
| 그녀가 일하는 동네는 붐빈다. | The town **where** she works is crowded. |
| 난 내가 공부했던 방을 기억한다. | I remember the room **where** I studied. |

| 내가 공부했던 방은 조용하다. | The room **where** I studied is quiet. |
| 내가 게임했던 방이 그립다. | I miss the room **where** I played games. |
| 내가 게임했던 방은 작다. | The room **where** I played games is small. |

## REAL Conversation

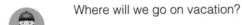

Where will we go on vacation?

작년에 우리가 갔던 워터파크는 정말 좋았어.

Shall we go again?

Sounds good!

A : 우리 휴가 어디로 가지?  B : **The water park where we went last year was really good.**

A : 그럼 우리 또 갈까?  B : 좋아!

# I remember <u>the day</u> when I worked.

## 난 내가 일했던 날을 기억해.

'시간' 명사를 꾸밀 때는 when을 사용합니다. when도 where와 마찬가지로 뒤에 주어+동사가 따라나오는데요. 어순만 유의해서 연습한다면 크게 어렵지 않아요.

| <u>the day</u>    |        |      |        |        |
|-------------------|--------|------|--------|--------|
| <u>the moment</u> |        |      |        |        |
| <u>the season</u> | +      | when | + 주어 | + 동사 |
| <u>the month</u>  |        |      |        |        |
| <u>the year</u>   |        |      |        |        |

또 시간 명사를 생략하고 말하거나, when을 생략하고 말하는 방법도 있으니 함께 익혀두세요.

| | | |
|---|---|---|
| <u>the day</u> | when | **I work** |
| | when | **I work** |
| <u>the day</u> | | **I work** |

간혹 시간 명사를 생략하고 'when I work'으로만 쓸 때 when을 의문사로 착각하고 '언제~?'라고 해석하는 경우가 종종 있습니다. 하지만 의문문이 되려면 'when do I work?'이라고 말해야겠죠? 헷갈리시나요? 그럼 다시 동사 12패턴으로 돌아가 일반동사 의문문을 확인하고 오세요.

**1** **when 덩어리 문장 연습하기**

| | |
|---|---|
| 내가 학교 갔던 날 | <u>the day</u> **when** I went to school |
| 내가 학교 가지 않았던 날 | <u>the day</u> **when** I didn't go to school |
| 내가 너에게 전화했던 날들 | <u>days</u> **when** I called you |

| 내가 너에게 전화하지 않았던 날들 | <u>days</u> **when** I didn't call you |
|---|---|
| 내가 그녀를 만났던 날들 | <u>days</u> **when** I met her |
| 내가 그녀를 만나지 않았던 날들 | <u>days</u> **when** I didn't meet her |
| 내가 일했던 날들 | <u>days</u> **when** I worked |
| 내가 일하지 않았던 날들 | <u>days</u> **when** I didn't work |

## ② 완성 문장 연습하기

| 난 내가 외로움을 느꼈던 계절을 기억해. | I remember <u>the season</u> **when** I felt lonely. |
|---|---|
| 내가 외로움을 느꼈던 계절은 겨울이었어. | <u>The season</u> **when** I felt lonely was winter. |
| 내가 너를 만났던 날을 기억하니? | Do you remember <u>the day</u> **when** I met you? |
| 난 우리가 함께했던 시간이 그리워. | I miss <u>the time</u> **when** we were together. |
| 우리가 함께했던 시간은 잊을 수가 없어. | <u>The time</u> **when** we were together is unforgettable. |

넌 우리가 함께했던 시간에
대해 생각하니?

Do you think about <u>the time</u> **when** we were together?

우리가 함께 일했던 해는
너무 재미있었어.

<u>The year</u> **when** we worked together was so fun.

난 항상 우리가 함께 일했던 해에
대해서 생각해.

I always think about <u>the year</u> **when** we worked together.

넌 우리가 함께 일했던 해를
기억하니?

Do you remember <u>the year</u> **when** we worked together?

## REAL Conversation ◇◇◇◇◇◇◇◇◇◇◇◇◇◇◇◇◇◇◇◇◇◇◇◇◇◇◇◇◇◇◇◇◇◇◇◇◇◇◇◇◇◇◇◇◇

Did you forget her?

아니. 그녀를 만났던 날들이 그리워.

You'll meet a better girl.

I don't know if I can.

A : 그녀 다 잊었어?

B : **No. I miss <u>the days</u> when I met her.**

A : 더 좋은 여자 만날 거야.

B : 그럴 수 있을지 모르겠어.

# Tell me the reason why he cries.
## 그가 우는 이유를 내게 말해줘.

앞서, 이미 같은 뼈대를 가지고 장소와 시간을 꾸미는 두 가지 패턴을 연습했습니다. 이제는 그만큼 충분히 숙달되었겠죠?

'이유'를 꾸미는 패턴도 동일합니다. 단어만 why로 바꿔주면 끝이에요! 다음과 같이 말이죠.

the reason + why + 주어 + 동사

여기서도 the reason 또는 why를 생략하고 다음과 같이 말할 수 있습니다.

| the reason | why | I study |
|---|---|---|
|  | why | I study |
| the reason |  | I study |

문장에 풍부한 감정과 억양을 담아 최대한 원어민처럼 말해보세요.

**1 why 덩어리 문장 연습하기**

| | |
|---|---|
| 내가 너를 좋아하는 이유 | the reason **why** I like you |
| 내가 너를 좋아하지 않는 이유 | the reason **why** I don't like you |
| 내가 열심히 일하는 이유 | the reason **why** I work hard |
| 내가 열심히 일하지 않는 이유 | the reason **why** I don't work hard |
| 그녀가 여기 왔었던 이유 | the reason **why** she came here |
| 그녀가 여기 오지 않았던 이유 | the reason **why** she didn't come here |

**2 완성 문장 연습하기**

| | |
|---|---|
| 내가 늦은 이유를 알고 있니? | Do you know the reason **why** I am late? |
| 내가 늦은 이유는 단순하지 않아. | The reason **why** I am late is not simple. |

133

| | |
|---|---|
| 넌 내가 왔던 이유를 기억하니? | Do you remember <u>the reason</u> **why** I came? |
| 내가 왔던 이유는 우리의 우정 때문이야. | <u>The reason</u> **why** I came is our friendship. |
| 넌 내가 그것을 만든 이유를 아니? | Do you know <u>the reason</u> **why** I made it? |
| 내가 그것을 만든 이유는 우리의 우정 때문이야. | <u>The reason</u> **why** I made it is our friendship. |

## REAL Conversation

 I made pancakes. Try them.

이게 바로 내가 널 사랑하는 이유지.

 Don't talk, just eat.

This is really delicious.

A : 팬케이크 만들었어. 먹어봐.

A : 말하지 말고 먹어.

B : **This is <u>the reason</u> why I love you.**

B : 이거 진짜 맛있다.

# 패턴 17

# This is how I eat.
# 이게 내가 먹는 방법이야.

'방법'을 꾸며주는 말은 how입니다. 그럼 '방법'을 뜻하는 영어 단어로는 무엇이 있을까요? 대표적인 것이 바로 'the way'입니다. 그럼 다른 패턴과 마찬가지로 the way 뒤에 how+주어+동사만 붙여주면 될까요?

아닙니다! the way와 how는 함께 쓸 수 없어요. 이번 패턴 연습의 포인트는 바로 여기에 있습니다.

how + 주어 + 동사

the way + 주어 + 동사

그래서 앞서 소개한 where, when, why는 세 가지 방식으로 말할 수 있었지만 how는 두 가지 방식으로만 말할 수 있어요.

| (X) | <u>**the way**</u> how **I teach** |
|-----|-----|
| (O) | **the way** **I teach** |
| (O) | **How** **I teach** |

이제 두 버전을 번갈아 연습해보세요.

 **how 덩어리 문장 연습하기**

| 내가 말하는 방식 | **the way** I talk |
|-----|-----|
| 내가 말하는 방식 | **how** I talk |
| 그들이 나를 대했던 방식 | **the way** they treated me |
| 그들이 나를 대했던 방식 | **how** they treated me |
| 그들이 나를 웃게 만들었던 방식 | **the way** they made me laugh |
| 그들이 나를 웃게 만들었던 방식 | **how** they made me laugh |
| 그들이 나를 가르쳤던 방식 | **the way** they taught me |
| 그들이 나를 가르쳤던 방식 | **how** they taught me |

| 이것이 그가 춤추는 방식이야. | This is **the way** he dances. |
| 이것이 그가 춤추는 방식이야. | This is **how** he dances. |
| 그가 춤추는 방식은 멋있어. | **The way** he dances is cool. |
| 그가 춤추는 방식은 멋있어. | **How** he dances is cool. |
| 네가 미소 짓는 방식은 사랑스러워. | **The way** you smile is lovely. |
| 네가 미소 짓는 방식은 사랑스러워. | **How** you smile is lovely. |

## REAL Conversation

내가 공부하는 방식이 잘못된 것 같아.

Why do you think so?

I got a C on the exam.

Cheer up.

A : **I think the way I study is wrong.**

A : 나 이번 시험에서 C 받았어.

B : 왜 그런 생각을 해?

B : 기운 내.

# 패턴18

# The class **that I teach** is better.
## 내가 가르치는 수업이 더 좋아.

마지막 패턴은 후치수식의 끝판왕이라 불러도 과언이 아닌 that입니다. 그 동안 연습했던 who, which, where, when, why, how를 모두 아우를 수 있는 단어가 바로 that이에요. that은 사람, 사물, 장소, 시간, 이유, 방법 등 모든 말을 꾸밀 수 있습니다.

| 사람 | the man who is tall | the man that is tall |
| 사물 | the car which is nice | the car that is nice |
| 장소 | the place where I work | the place that I work |
| 시간 | the day when I work | the day that I work |
| 이유 | the reason why I work | the reason that I work |
| 방법 | how I work | the way that I work |

말하는 순서도 이전에 배운 것들과 동일해요.

명사 + **that** + 주어 + 동사

후치수식의 마지막 패턴 연습인 만큼 명사 덩어리를 활용해 완성된 문장을 말하려고 노력해보세요. 계속 말하다 보면 수식어가 긴 단어를 보고도 당황하지 않고 영어의 문장 구조가 눈에 쏙쏙 들어올 거예요. 입으로 연습하면 직접 말도 할 수 있겠죠? 꾸준한 연습만이 최선입니다.

## 1 that 덩어리 문장 연습하기

| 내가 좋아하는 남자 | the man **that** I like |
| 내가 좋아하지 않는 남자 | the man **that** I don't like |
| 내가 전화했던 남자 | the man **that** I called |
| 내가 전화하지 않았던 남자 | the man **that** I didn't call |
| 내가 데이트했던 여자 | the woman **that** I dated |
| 내가 데이트하지 않았던 여자 | the woman **that** I didn't date |

| 내가 도와줬던 여자 | the woman **that** I helped |
| 내가 돕지 않았던 여자 | the woman **that** I didn't help |
| 내가 결혼했던 여자 | the woman **that** I married |
| 내가 결혼하지 않은 여자 | the woman **that** I didn't marry |
| 내가 만났던 사람 | the person **that** I met |
| 내가 만나지 않았던 사람 | the person **that** I didn't meet |

## ② 완성 문장 연습하기

| 내가 운전하는 차를 넌 봐야 돼. | You gotta see the car **that** I drive. |
| 내가 산 가방을 네가 좋아할 수도 있어. | You might like the bag **that** I bought. |
| 내가 판 집을 네가 볼 수도 있었어. | You could've seen the house **that** I sold. |
| 내가 봤던 남자는 좋았어. | The man **that** I saw used to be nice. |
| 내가 좋아하는 음식은 좋을 거야. | The food **that** I like will be good. |
| 내가 산 가방은 여기에 있어야 해. | The bag **that** I bought is supposed to be here. |

| | |
|---|---|
| 내가 받은 시계는 망가졌어. | The watch **that** I received is broken. |
| 내가 사용하는 컴퓨터를 업그레이드해야 해. | I need to upgrade <u>the computer</u> **that** I use. |
| 난 네가 본 영화를 보고 싶어. | I want to see <u>the movie</u> **that** you saw. |
| 난 톰이 좋아하는 여자를 봤어. | I saw <u>the girl</u> **that** Tom likes. |

## REAL Conversation 〰〰〰〰〰〰〰〰〰〰〰〰〰〰〰〰〰〰〰

 Do you want to eat this?

그건 내가 좋아하지 않는 음식이야.

 Just try it.

I'm gonna eat something else.

A : 이거 먹어볼래?

A : 그래도 한 번 먹어봐.

B : **It's <u>the food</u> that I don't like.**

B : 난 다른 거 먹을래.

141

## • where, when, why, how로 문장 늘이기 •

where, when, why, how를 활용해 한국어 문장을 영어 문장으로 바꾸어 말해보세요.

### where

| | |
|---|---|
| 그는 내가 일하는 장소를 알아. | He knows <u>the place</u> where I work. |
| 그는 내가 일하는 장소를 알 수도 있어. | He could know <u>the place</u> where I work. |
| 그는 내가 일하는 장소를 알아야 해. | He needs to know <u>the place</u> where I work. |
| 그는 내가 공부하는 도서관을 알아. | He knows <u>the library</u> where I study. |
| 그는 내가 공부하는 도서관을 알 수도 있어. | He could know <u>the library</u> where I study. |
| 그는 내가 공부하는 도서관을 알아야 해. | He needs to know <u>the library</u> where I study. |
| 내가 일하는 장소는 시끄러워. | <u>The place</u> where I work is noisy. |
| 내가 일하는 장소는 시끄러웠어. | <u>The place</u> where I work was noisy. |
| 내가 일하는 장소는 시끄러울 거야. | <u>The place</u> where I work will be noisy. |
| 내가 공부하는 도서관은 시끄러워. | <u>The library</u> where I study is noisy. |
| 내가 공부하는 도서관은 시끄러웠어. | <u>The library</u> where I study was noisy. |
| 내가 공부하는 도서관은 시끄러울 거야. | <u>The library</u> where I study will be noisy. |

## when

그녀는 내가 일하는 날을 기억해.

She remembers <u>the day</u> when I work.

그녀는 내가 일하는 날을
기억할 수도 있어.

She could remember <u>the day</u> when
I work.

그녀는 내가 일하는 날을
기억해야만 해.

She must(has to) remember <u>the day</u>
when I work.

내가 일하는 날은 맑아.

<u>The day</u> when I work is sunny.

내가 일하는 날은 맑아야만 해.

<u>The day</u> when I work must(has to) be
sunny.

내가 일하는 날은 맑을 거야.

<u>The day</u> when I work will be sunny.

내가 운동하는 날은 맑아.

<u>The day</u> when I exercise is sunny.

내가 운동하는 날은 맑아야만 해.

<u>The day</u> when I exercise must(has to)
be sunny.

내가 운동하는 날은 맑을 거야.

<u>The day</u> when I exercise will be sunny.

## why

| | |
|---|---|
| 그는 네가 늦었던 이유를 알아. | He knows <u>the reason</u> why you were late. |
| 그는 네가 늦었던 이유를 알 수도 있어. | He might know <u>the reason</u> why you were late. |
| 그는 네가 늦었던 이유를 알아야 해. | He will know <u>the reason</u> why you were late. |
| 그는 네가 여기에 왔던 이유를 알아. | He knows <u>the reason</u> why you came here. |
| 그는 네가 여기에 왔던 이유를 알 수도 있어. | He might know <u>the reason</u> why you came here. |
| 그는 네가 여기에 왔던 이유를 알아야 해. | He will know <u>the reason</u> why you came here. |
| 네가 늦었던 이유는 이거야. | <u>The reason</u> why you were late is this. |
| 네가 늦었던 이유는 이거일 수도 있어. | <u>The reason</u> why you were late could be this. |
| 네가 늦었던 이유는 이거여야만 해. | <u>The reason</u> why you were late has to be this. |

## how

난 네가 일하는 방식이 좋아.

I like the way you work.
I like how you work.

난 네가 일하는 방식이 안 좋아.

I don't like the way you work.
I don't like how you work.

넌 네가 일하는 방식이 좋아?

Do you like the way you work?
Do you like how you work?

난 그들이 살아가는 방식이 좋아.

I like the way they live.
I like how they live.

난 그들이 살아가는 방식이 안 좋아.

I don't like the way they live.
I don't like how they live.

넌 그들이 살아가는 방식이 좋아?

Do you like the way they live?
Do you like how they live?

그들이 살아가는 방식은 단순해.

The way they live is simple.
How they live is simple.

그들이 살아가는 방식은 단순하지 않아.

The way they live is not simple.
How they live is not simple.

그들이 살아가는 방식은 단순하니?

Is the way they live simple?
Is how they live simple?

# 04

전치사를
활용해
길게 말하기

**패턴19** I met her at 8 o'clock.

I met her at home.

**패턴20** I did it on Monday.

I did it on the floor.

I saw it on TV.

**패턴21** I saw it in winter.

I saw it in the house.

I'll call you in a minute.

# 영어의 디테일을
# 만들어주는 끝판왕

영어의 뼈대가 되는 동사 변화 12패턴부터 시작해서 동사와 명사를 활용해 문장을 길게 만드는 연습까지, 지금껏 해온 것만 확실하게 입에 익혀도 이미 여러분의 영어 실력은 업그레이드되어 있을 겁니다.

그럼 이제 영어를 그만해도 되느냐! 당연히 아니죠. 언어에는 끝이 없고, 아직도 알기만 하면 유용한 패턴이 절반이나 남아 있으니까요. 지치지 말고 저와 함께 끝까지 훈련해보도록 해요.

이번 4부는 길게 말하기의 끝판왕이라 불러도 과언이 아닌 전치사 활용 편이에요. 주어, 동사, 목적어만 말할 줄 알면 영어는 끝인 줄 알았는데 웬 전치사냐고요?

모든 것의 완성은 '디테일'에 있습니다. 사실 전치사는 원어민들이 말할 때 귀를 쫑긋 세워야 겨우 들리는 단어지만, 전치사가 없으면 말이 영 이상해집니다. 전치사는 우리말의 조사와 비슷한 역할을 해요. 조사가 있는 문장과 없는 문장이 얼마나 다른지, 한번 직접 읽어보면 영어의 전치사가 얼마나 중요한지 아실 수 있을 거예요.

| | | | |
|---|---|---|---|
| 나 어젯밤에 | 강남역에서 | 예나랑 | 저녁 먹었어. |
| 나 어젯밤 | 강남역 | 예나 | 저녁 먹었어. |

어때요? 첫 번째 문장은 자연스럽지만 두 번째 문장은 영 어색하죠? 문장에서 그저 조사만 몇 개 뺐을 뿐인데 그 느낌의 차이는 너무나 큽니다.

만약 조사를 잘못 사용하면 어떨까요? 이때는 문제가 더욱 심각해집니다.

| | | | |
|---|---|---|---|
| 나 어젯밤이랑 | 강남역에 | 원예나에서 | 저녁 먹었어. |

이제 왜 우리말의 조사와 영어의 전치사가 중요한지 아시겠죠? 우리말 조사는 이런 의미를 담습니다.

| | | | |
|---|---|---|---|
| ~에 | ~에서 | ~로 | ~으로 |
| ~에게 | ~들에게 | ~까지 | ~부터 |

보면 알겠지만 조사만으로는 의미가 전달되지 않기 때문에 혼자 쓰이지는 않아요. 꼭 명사와 함께 쓰이며 하나의 의미 덩어리가 됩니다. 전치사도 마찬가지예요.

전치사  +  명사  =  의미 덩어리

그렇게 전치사를 쓰면 문장을 길게 늘일 수 있어요. 방향, 시간, 수단, 위치, 대상, 기간 등 부가정보를 문장 뒤에 붙일 수 있으니 표현도 풍부해지고요. 영어의 디테일을 잡아주니 훨씬 더 원어민스러운 영어를 말할 수 있게 됩니다.

그러면 전치사를 활용하면 어떤 의미 덩어리가 만들어지는지 보실까요?

**at home**
집에

**in summer**
여름에

**on the internet**
인터넷으로

**to you**
너에게

**by today**
오늘까지

**from here**
여기부터

전치사와 명사가 결합해 만들어진 의미 덩어리. 이 의미 덩어리를 문장에 넣으면 이렇게 말하는 것이 가능해집니다.

**I went to school at 7 by bus on Monday.**
난 월요일 7시에 버스를 타고 학교에 갔어.

어때요? 어렵지 않게 길게 말하기가 가능해지죠?

전치사에는 at, on, in, by, from, for, to, out of 등 8개가 있지만 여기서는 그중에서도 가장 활용도가 높은 세 가지, at, on, in만 훈련해볼 거예요.

본격적인 시작에 앞서, 지금까지 전치사의 뜻만 달달 외우셨다면 이제 모두 잊으세요. 지금부터는 달랑 전치사 하나가 아니라 전치사와 함께 쓰이는 상용구들이 입에서 툭툭 나올 수 있도록 '말의 덩어리'들을 연습할 거니까요. 전치사 활용하기, 완벽하게 내 것으로 만들어보세요.

# 사소해 보이지만 결코
# 사소하지 않은 '그것'

영어에서 전치사를 가장 많이 활용할 때는 바로 시간과 장소를 말할 때입니다. 상대와 약속을 잡을 때, 주말에 어떻게 시간을 보냈는지 얘기할 때, 단순 사실을 전달할 때 등 시간과 장소는 우리가 일상에서 가장 많이 주고받는 정보이기도 합니다.

영어에서 시간과 장소를 말할 때 쓰는 전치사는 at과 on, 그리고 in이 있습니다. at, on, in은 모두 시간과 장소를 표현하는 말 앞에 쓰이며, 보통 '~에', '~에서', '~때' '~즈음' 등으로 해석합니다. 그럼 시간과 장소를 표현하고 싶을 때 셋 중에서 아무거나 마음에 드는 전치사를 골라서 쓰면 되냐고요? 당연히 아니죠.

이번 4부에서는 세 가지 전치사 패턴을 통해 시간과 장소를 표현하는 방법을 익히려고 해요. 그리고 이를 활용해 정확한 의미 또는 뉘앙스를 전달하는 연습도 하려고 해요.

먼저 세 가지 전치사를 시간에 사용할 때입니다.

삼각형 모형에서 보듯이 at, on, in은 모두 시간 개념에 사용합니다. 하지만 그 범주가 조금 다르죠. at이 조금 좁은 범위의 시간과 함께 쓰인다면, on은 그보다 넓은 범위의 시간, in은 그보다도 넓은 범위의 시간과 함께 쓰입니다.

한마디로 삼각형 아래로 내려갈수록 시간 개념이 상대적으로 길어진다고 생각하면 됩니다.

| | | |
|---|---|---|
| 1차원 지점 | **at** | **at the top**<br>꼭대기에 |
| 2차원 평면 | **on** | **on the floor**<br>바닥 위에 |
| 3차원 공간 | **in** | **in the room**<br>방 안에 |

　장소도 시간과 비슷해서 삼각형 아래로 내려갈수록 장소 개념이 상대적으로 넓어집니다. at은 어떤 지점에, on은 평면적인 장소에, in은 삼차원 공간에 사용하죠.

　두 개의 삼각형 그림을 꼭 머릿속에 넣어두세요. 개념이 잡히면 패턴 연습도 수월해집니다. 입에 붙을 때까지 꾸준히 연습하는 것도 잊지 마시고요.

　자, 그럼 본격적인 패턴 연습에 들어가 볼까요?

# I met her **at** 8 o'clock.
## 난 그녀를 8시에 만났어.

# I met her **at** home.
## 난 집에서 그녀를 만났어.

삼각형 꼭대기에 있던 at을 이미지로 표현하면 일종의 '·(점)'입니다. 시간이든 장소든 정확한 '지점'이 있을 때 주로 at을 써요. 9시 20분, 정오(noon)는 물론 나이, Christmas, Halloween처럼 특정한 날이나 시점을 표현할 때 쓰는 거죠.

| | | | |
|---|---|---|---|
| | | **9:20** | 정확한 시각 |
| at | + | **29** | 나이 |
| | | **Christmas** | 특정한 때 |

장소의 경우에는 정확한 주소가 있거나, 손으로 가리킬 수 있는 특정 장소(지점)를 지칭할 때 사용해요. '강남역에', '집에', '가게에'처럼요.

**at** + **home** 특정한 장소

전치사 패턴 연습의 핵심은 전치사와 시간(또는 장소)을 지칭하는 말을 붙여 '덩어리'로 연습하는 겁니다. 그런 다음 입에서 술술 나올 수 있도록 반복해서 말하는 연습이 필수입니다.

| 7시에 / 일곱 살에 | **at** seven |
| 일곱 살에(정확하게 나이를 표현할 때) | **at** the age of seven |
| 정오에 | **at** noon |
| 그때에 | **at** that time |
| 점심시간에 | **at** lunch time |

## 1-2 장소 덩어리 연습하기

| 학교에 | **at** school |
| 교회에 | **at** church |
| 공항에 | **at** the airport |
| 해변에 | **at** the beach |
| 책상에 | **at** the desk |
| 모퉁이에 | **at** the corner |

기초회화 3
문장확장 41강

## 2-1 시간 완성 문장 연습하기

| 난 그녀를 네 나이에 만났어. | I met her **at** your age. |
| 난 그녀를 그의 나이에 만났어. | I met her **at** his age. |
| 난 정오에 그녀를 만났어. | I met her **at** noon. |
| 난 자정에 그녀를 만났어. | I met her **at** midnight. |
| 난 밤에 그녀를 만났어. | I met her **at** night. |
| 난 새벽에 그녀를 만났어. | I met her **at** dawn. |

| | |
|---|---|
| 난 직장에서 그녀를 만났어. | I met her **at** work. |
| 난 파티에서 그를 만났어. | I met him **at** the party. |
| 난 가게에서 그를 만났어. | I met him **at** the store. |
| 난 직장에서 7시에 그녀를 만났어. | I met her **at** work at seven. |
| 난 백화점에서 정오에 그녀를 만났어. | I met her **at** the mall at noon. |

## REAL Conversation 〰〰〰〰〰〰〰〰〰〰〰〰〰〰〰〰〰〰〰〰〰〰〰

 What time are you leaving?

나 7시에 지하철 타야 돼.

 I think you have to hurry.

A : 몇 시에 출발할 거야?     B : **I have to take the subway at seven o'clock.**

A : 너 서둘러야겠다.

# 패턴20

## I did it **on** Monday.
### 난 월요일에 그것을 했어.

## I did it **on** the floor.
### 난 그것을 바닥에서 했어.

## I saw it **on** TV.
### 난 TV에서 그것을 봤어.

앞에서 본 삼각형 이미지를 떠올려볼까요? 삼각형 꼭대기에 at이 있었고 바로 그 아래에 on이 있었죠? on은 at보다 범위가 확장된 개념입니다.

at이 특정 지점을 표현하는 뉘앙스였다면, on은 '접촉'의 이미지를 떠올리면 간단합니다. 크게 세 가지 상황에서 on을 사용합니다.

첫 번째, 시간의 경우 on Monday, on March와 같이 말합니다. 달력에서 한 칸의 '면적'을 차지(접촉)하고 있다고 보는 거예요.

두 번째, 장소의 경우 중요한 뉘앙스는 '접촉'이에요. 이때 접촉은 꼭 '위'일 필요는 없어요.

세 번째는 도구로서의 의미예요. TV나 전화 등에 접촉해서 사용한다는 의미로 on TV, on the phone과 같이 말합니다.

| on | + | Monday | 시간(날짜, 요일, 기념일) |
| | | the floor | 장소(접촉되어 있는) |
| | | TV | 도구·수단 |

## 1-1 시간 덩어리 연습하기

| 월요일에 | **on** Monday |
| 내 생일에 | **on** my birthday |
| 1월 1일에 | **on** January first |
| 첫째 날에 | **on** the first day |
| 주중에 | **on** weekdays |
| 주말에 | **on** weekends |
| 너의 결혼식 날에 | **on** your wedding day |
| 크리스마스 날에 | **on** Christmas day |

## 1-2 장소 덩어리 연습하기

| | |
|---|---|
| 버스에(탑승) | **on** the bus |
| 소파 위에 | **on** the couch |
| 무대 위에 | **on** the stage |
| 길거리에 | **on** the street |
| 문(표면)에 | **on** the door |
| 물(표면)에 | **on** the water |
| 셔츠(표면)에 | **on** the shirt |

## 1-3 도구 덩어리 연습하기

| | |
|---|---|
| 인터넷에 | **on** the Internet |
| 컴퓨터에 | **on** the computer |
| 핸드폰으로 | **on** the cell phone |
| 트위터로 | **on** twitter |
| 라디오로 | **on** the radio |

2-1 **시간 완성 문장 연습하기**

| | |
|---|---|
| 난 화요일에 일했어. | I worked **on** Tuesday. |
| 난 내 생일 날에 일했어. | I worked **on** my birthday. |
| 난 첫째 날에 했어. | I did it **on** the first day. |
| 난 주말에 했어. | I did it **on** weekends. |
| 난 주중에 했어. | I did it **on** weekdays. |
| 난 월요일 7시에 했어. | I did it **on** Monday at seven. |
| 난 월요일 점심시간에 했어. | I did it **on** Monday at lunch time. |

2-2 **장소 완성 문장 연습하기**

| | |
|---|---|
| 난 바닥에서 일했어. | I worked **on** the floor. |
| 난 소파에서 일했어. | I worked **on** the couch. |
| 난 비행기에서 일했어. | I worked **on** the plane. |
| 그녀는 무대 위에서 춤을 췄어. | She danced **on** the stage. |
| 난 월요일에 소파에서 일했어. | I worked **on** the couch on Monday. |

| | |
|---|---|
| 난 라디오에서 그것을 들었어. | I heard it **on** the radio. |
| 그녀에게 전화로 말해. | Talk to her **on** the phone. |
| 그에게 7시에 전화로 말해. | Talk to him **on** the phone at seven. |
| 그에게 월요일에 전화로 말해. | Talk to him **on** the phone on Monday. |

기초회화 3
문장학장 42강

## REAL Conversation

 What is she doing?

그녀는 통화 중이야.

 Who is she talking to?

I don't know.

A : 그녀는 뭐해?      B : **She's on** the phone.

A : 누구랑 통화해?      B : 나도 몰라.

# I saw it in winter.
## 난 그것을 겨울에 봤어.

# I saw it in the house.
## 난 그것을 집에서 봤어.

# I'll call you in a minute.
## 나 1분 후에 전화할게.

앞에서 본 삼각형 밑바닥에 in이 있었죠? in은 on보다 범위가 확장된 개념입니다.

in은 크게 세 가지로 사용됩니다. 첫 번째는 월이나 연도를 말할 때예요. 달력의 한 칸이 아니라 전체를 의미하는 '큰 개념'으로 이해하면 됩니다. 뿐만 아니라 계절, 기간처럼 영역을 표현할 때도 in을 씁니다.

두 번째는 장소예요. in the house, in Korea처럼 '내부'의 뉘앙스를 표현할 때 사용한다고 생각하면 돼요. 지역이나 나라처럼 넓은 공간을 표현할 때도 사용합니다.

세 번째로 '~후에'라는 시간의 흐름을 표현할 때도 in을 쓴답니다. '1분 후',

'1년 후'라고 할 때 in a minute, in a year와 같이 말하면 됩니다.

| | | winter | 시간(월, 계절, 연도) |
|---|---|---|---|
| in | + | the house | 장소(국가, 도시, 공간) |
| | | a minute | ~ 한 후에 |

## 1-1 시간 덩어리 연습하기

| 1월에 | **in** January |
|---|---|
| 봄에 | **in** spring |
| 2020년에 | **in** two thousand twenty |
| 아침에 | **in** the morning |
| 과거에 | **in** the past |
| 미래에 | **in** the future |
| 내 인생에 | **in** my life |
| 내 어린 시절에 | **in** my childhood |

| | |
|---|---|
| 물속에 | **in** the water |
| 지갑 안에 | **in** the wallet |
| 서랍 안에 | **in** the drawer |
| 차 안에 | **in** the car |
| 책 속에 | **in** the book |
| 부산에 | **in** Busan |
| 세상에 | **in** the world |
| 하늘에 | **in** the sky |

| | |
|---|---|
| 1분 후에 | **in** a minute |
| 10분 후에 | **in** ten minutes |
| 1주일 후에 | **in** a week |
| 두 달 후에 | **in** two months |
| 1년 후에 | **in** a year |

## 2-1 시간 완성 문장 연습하기

| 난 저녁에 그것을 봤다. | I saw it **in** the evening. |
| 난 학창 시절에 열심히 공부했다. | I studied hard **in** my school days. |
| 난 1월에 직장에서 그것을 봤다. | I saw it **in** January at work. |
| 난 2012년에 버스에서 그것을 봤다. | I saw it **in** two thousand twelve on the bus. |

## 2-2 장소 완성 문장 연습하기

| 난 집 안에서 그것을 봤다. | I saw it **in** the house. |
| 난 지갑 속에서 그것을 봤다. | I saw it **in** the wallet. |
| 난 서랍 안에서 그것을 봤다. | I saw it **in** the drawer. |
| 난 거울 속에서 그것을 봤다. | I saw it **in** the mirror. |
| 난 지갑 속에서 사진을 봤다. | I saw the picture **in** the wallet. |
| 난 집 안에서 7시에 그것을 봤다. | I saw it **in** the house at seven. |

| | |
|---|---|
| 1분 후에 네게 전화할게. | I'll call you **in** a minute. |
| 2주 후에 네게 전화할게. | I'll call you **in** two weeks. |
| 1년 후에 네게 전화할게. | I'll call you **in** a year. |
| 1분 후에 직장에서 네게 전화할게. | I'll call you **in** a minute at work. |
| 1분 후에 버스에서 네게 전화할게. | I'll call you **in** a minute on the bus. |

## REAL Conversation ∞∞∞∞∞∞∞∞∞∞∞∞∞∞∞∞∞∞∞∞∞∞∞∞∞∞∞∞∞∞

 Where are you? We arrived.

10분 안에 갈게.

 Okay. We'll wait here.

A : 너 어디야? 우리 도착했어.    B : **I'll be there in ten minutes.**

A : 알았어. 우리 여기서 기다릴게.

## • 전치사 익숙해지기 •

전치사를 활용해 한국어 문장을 영어 문장으로 바꾸어 말해보세요.

### at

| | |
|---|---|
| 난 7시에 일어났어. | I woke up at seven. |
| 난 7시에 일어나지 않았어. | I didn't wake up at seven. |
| 넌 7시에 일어났니? | Did you wake up at seven? |
| 난 열일곱 살 때 그를 만났어. | I met him at the age of seventeen. |
| 난 열일곱 살 때 그를 만나지 않았어. | I didn't meet him at the age of seventeen. |
| 넌 열일곱 살 때 그를 만났니? | Did you meet him at the age of seventeen? |
| 난 가게에서 그녀를 만났어. | I met her at the store. |
| 난 가게에서 그녀를 만나지 않았어. | I didn't meet her at the store. |
| 넌 가게에서 그녀를 만났니? | Did you meet her at the store? |
| 난 테이블에서 공부해. | I study at the table. |
| 난 테이블에서 공부하지 않아. | I don't study at the table. |
| 넌 테이블에서 공부하니? | Do you study at the table? |

## on

| | |
|---|---|
| 난 일요일에 그녀를 만났어. | I met her on Sunday. |
| 난 일요일에 그녀를 만나지 않았어. | I didn't meet her on Sunday. |
| 넌 일요일에 그녀를 만났니? | Did you meet her on Sunday? |
| 난 크리스마스에 공부했어. | I studied on Christmas day. |
| 난 크리스마스에 공부하지 않았어. | I didn't study on Christmas day. |
| 넌 크리스마스에 공부했니? | Did you study on Christmas day? |
| 그건 바닥에 있어. | It is on the floor. |
| 그건 바닥에 없어. | It is not on the floor. |
| 그건 바닥에 있니? | Is it on the floor? |
| 그건 벽에 있어. | It is on the wall. |
| 그건 벽에 있지 않아. | It is not on the wall. |
| 그게 벽에 있니? | Is it on the wall? |

## in

| 난 1월에 한국에 왔어. | I came to Korea in January. |
| 난 1월에 한국에 오지 않았어. | I didn't come to Korea in January. |
| 넌 1월에 한국에 왔니? | Did you come to Korea in January? |
| 난 1980년에 태어났어. | I was born in nineteen eighty. |
| 난 1980년에 태어나지 않았어. | I was not born in nineteen eighty. |
| 넌 1980년에 태어났니? | Were you born in nineteen eighty? |
| 난 방 안에서 그걸 봤어. | I saw it in the room. |
| 난 방 안에서 그걸 보지 않았어. | I didn't see it in the room. |
| 넌 방 안에서 그걸 봤니? | Did you see it in the room? |
| 난 물속에서 그걸 찾았어. | I found it in the water. |
| 난 물속에서 그걸 찾지 않았어. | I didn't find it in the water. |
| 넌 물속에서 그걸 찾았니? | Did you find it in the water? |

# 05

회화실력을
업그레이드
하는
문장 종류

# 느낌을 담아
# 다양하게 말하기

지금까지는 '주어+동사' 뼈대에 덩어리를 붙여 문장을 길게 말하는 연습을 했습니다. 문장을 길게 만들기 위해 동사 뒤에 목적어, 형용사 등을 붙여봤고, 또 명사를 활용해보기도 했어요. 전치사는 영어의 디테일을 살아나게 해주며 더욱 원어민스러운 느낌을 살려줬고요.

이렇게 어순을 뼈대로 문장을 길게 만드는 연습을 해봤다면, 이번에는 다양한 느낌을 전달해줄 수 있는 문장 구조를 연습해보려고 합니다. 세 가지 종류의 문장을 통해서 말이죠. 문장 구조를 알면 다음과 같은 표현들을 말할 수 있습니다.

1. 너 뭐 먹어?

2. 그것들은 어땠어?

3. 신난다.

4. 헷갈린다.

5. 우와, 빠르네!

6. 우와, 차 봐!

1, 2번 문장은 의문사의문문이라고 부르는 것들입니다. 다들 6하 원칙이라는 말을 들어보셨죠? 언제, 어디서, 누가, 무엇을, 어떻게, 왜가 바로 6하 원칙의 구성요소예요. 이게 중요한 이유는 의문사의문문만 완벽히 익히면 어떤 질문이라도 할 수 있기 때문이에요.

3, 4번 문장은 It's를 활용한 문장입니다. 영어에서 주어와 동사는 핵심이라서 주어가 없는 문장을 만나면 어떻게 말해야 할지 막막하실 거예요. 그럴 때 활용하는 것이 It's 문장입니다.

5, 6번은 감탄문이에요. 우리는 지금까지 '그것은 매우 빠르다'라고만 해왔는데 그것만으로는 느낌이 충분하지 않죠? 감탄문을 익히면 '대박~ 비싸네' 처럼 느낌을 충만히 담은 표현이 가능해집니다. 앞의 문장을 영어로는 이렇게 말합니다.

| | |
|---|---|
| **What do you eat?** | 너 뭐 먹어? |
| **How were they?** | 그것들은 어땠어? |
| **It's exciting.** | 신난다. |
| **It's confusing.** | 헷갈린다. |
| **How fast it is!** | 우와, 빠르네! |
| **What a car!** | 우와, 차 봐! |

# 왜 'What is it?'은 되는데
# 'Why is it?'은 안 될까?

"그게 왜 그런 거야?"라는 말을 영어로 한번 해보세요. 자연스럽게 나오나요? 그럼 "그게 뭐야?"를 영어로 말해보세요. "What is it?" 이건 쉽게 나옵니다. 하지만 "What is it?"과 문장 구조가 같은 "Why is it?"은 쉽게 나오지 않습니다. 왜 그럴까요?

가장 큰 이유는 문장을 달달 외우고 뜻만 암기했지, 문장이 어떤 구조와 패턴으로 구성됐는지는 살펴보지 않았기 때문입니다. 패턴만 알면 무한대로 응용이 가능한데 말이죠.

우리가 배울 첫 번째 패턴은 의문사를 활용한 의문문이에요. 6하 원칙의 기본이 되는 의문사를 문장 맨 앞에 배치해서 궁금한 것을 단도직입적으로 물어보는 것이죠. 그 때문에 직접의문문이라고 부르기도 합니다.

## When / Where / Who / What / How / Why
언제      어디서      누가      무엇을      어떻게      왜

이 6개의 의문사만 잘 활용한다면 어떤 질문이든 할 수 있습니다. 우스갯소리로 "외국인을 만났을 때 영어로 대화하기가 두렵다면 질문만 계속하고 듣기만 하라"는 말도 있는데, 의문사 활용법을 익혀두면 실제로 이게 가능해집니다.

6개 의문사를 활용하면 다음과 같은 말들을 할 수 있게 됩니다.

| | |
|---|---|
| 그게 뭐야? | **What is it?** |
| 그게 언제야? | **When is it?** |
| 그게 어디였어? | **Where was it?** |
| 그게 왜 그런 거였어? | **Why was it?** |
| 그것들은 어땠어? | **How were they?** |
| 그들은 누구야? | **Who are they?** |

의문사의 의미를 안다고 해서 문장을 뚝딱 만들 수 있는 것은 아닙니다. 그 뒤에 적절한 문장을 만들어 붙일 수 있어야 해요. 앞에서 기초를, 특히나 동사 변화 12패턴의 뼈대를 잘 잡은 분들이라면 크게 어렵지 않은 패턴들입니다. 쉽지만 보다 다양한 표현을 가능하게 하는 세 가지 패턴을 시작할게요!

패턴22

# What is it?
## 그게 뭐야?

be동사가 들어간 문장 앞에 여섯 가지 의문사를 붙이는 패턴입니다. 뼈대가 잘 잡혀 있다면 굉장히 쉬운 패턴이에요.

'Is it?', 'Was it?'과 같은 be동사 의문문 패턴 앞에 6개의 의문사 Whcn, Where, Who, What, How, Why를 붙이기만 하면 완성됩니다.

| 의문사 | | be동사 의문문 | | |
|---|---|---|---|---|
| When | | am | I | |
| Where | | was | | |
| Who | + | are | you / we / they | ? |
| What | | were | | |
| How | | is | he / she / it | |
| Why | | was | | |

'Is it?(그게 그래?)' 자체로도 완성된 문장이지만, 'What is it?(그게 뭐야?)'과 같이 의문사를 활용하면 보다 구체적인 질문을 할 수 있습니다.

주의할 것은 시제와 be동사의 형태 변화입니다. 이 두 가지에만 신경 써서 말하면 됩니다.

## 1 be동사 의문사 문장 연습하기

| | |
|---|---|
| 그게 언제니? | **When** is it? |
| 그게 어디니? | **Where** is it? |
| 그는 누구니? | **Who** is he? |
| 그게 뭐니? | **What** is it? |
| 그거 어떠니? | **How** is it? |
| 그게 왜 그런 거니? | **Why** is it? |
| 그것들은 언제니? | **When** are they? |
| 그것들은 어디니? | **Where** are they? |
| 그들은 누구니? | **Who** are they? |
| 그것들은 뭐니? | **What** are they? |
| 그것들은 어떠니? | **How** are they? |

| 그것들은 왜 그런 거니? | **Why** are they? |
|---|---|
| 그것들은 언제였니? | **When** were they? |
| 그것들은 어디였니? | **Where** were they? |
| 그들은 누구였니? | **Who** were they? |
| 그것들은 뭐였니? | **What** were they? |
| 그것들은 어땠니? | **How** were they? |

## REAL Conversation

 When did you eat?

I didn't eat anything today.

 너 얼만큼 배고파?

I'm starving to death.

A : 너 밥 언제 먹었어?　　　　　　B : 오늘 아무것도 안 먹었어.

A : **How hungry are you?**　　　　B : 나 죽을 만큼 배고파.

# 패턴23

# What do you eat?
## 너 뭐 먹어?

'그녀는 먹니?'를 영어로 말해보세요. 'Does she eat?' 이 문장이 바로 입에
서 나오나요?

| 의문사 | | 일반동사 의문문 | | |
|---|---|---|---|---|
| When | **do** | **I** | | |
| Where | **did** | | | |
| Who | **do** | **you** / **we** / **they** | + | 동사원형 ? |
| What | + **did** | | | |
| How | **does** | **he** / **she** / **it** | | |
| Why | **did** | | | |

181

일반동사 의문사의문문 역시 앞선 패턴처럼 기존의 일반동사 6패턴에 의문사만 붙이면 됩니다. 간단하죠?

| 넌 언제 먹니? | **When** do you eat? |
|---|---|
| 넌 어디서 먹니? | **Where** do you eat? |
| 넌 뭘 먹니? | **What** do you eat? |
| 넌 어떻게 먹니? | **How** do you eat? |
| 넌 왜 먹니? | **Why** do you eat? |
| 그는 언제 먹니? | **When** does he eat? |
| 그는 어디서 먹니? | **Where** does he eat? |
| 그는 뭘 먹니? | **What** does he eat? |
| 그는 어떻게 먹니? | **How** does he eat? |
| 그는 왜 먹니? | **Why** does he eat? |
| 그는 언제 먹었니? | **When** did he eat? |
| 그는 어디서 먹었니? | **Where** did he eat? |

| 그는 뭘 먹었니? | **What** did he eat? |
| 그는 어떻게 먹었니? | **How** did he eat? |
| 그는 왜 먹었니? | **Why** did he eat? |
| 넌 누구를 좋아하니? | **Who** do you like? |
| 그는 누구를 좋아하니? | **Who** does he like? |
| 그는 누구를 좋아했니? | **Who** did he like? |

## REAL Conversation

Do you have any plans today?

Yeah. I have a date with my boyfriend.

언제 만나?

I meet him at 5.

A : 오늘 약속 있어?

A : **When do you meet?**

B : 응, 남자친구랑 데이트해.

B : 5시에 만나.

# What can I eat?
## 뭘 먹을 수 있나요?

'나 뭐 먹어?'도 많이 사용하지만, 좀더 느낌을 담아 다양한 표현을 하고 싶다면 '느낌동사'를 활용하면 됩니다.

허락의 느낌을 담은 '제가 어떤 걸 먹을 수 있나요?', 공손함의 느낌을 담은 '저 어디서 먹어야 해요?' 등등과 같은 표현은 느낌동사를 활용하면 완성할 수 있어요.

우리가 주로 사용하는 느낌동사에는 아래와 같은 것들이 있습니다.

| | |
|---|---|
| 허락(~해도 돼) | **can, may** |
| 의지(~할 거야) | **will, would** |
| 추측(~일 거야) | **would, could, might** |
| 의무(~해야 해) | **must, should** |

느낌동사를 활용하고 싶다면 의문사 뒤에 넣어서 말하면 됩니다.

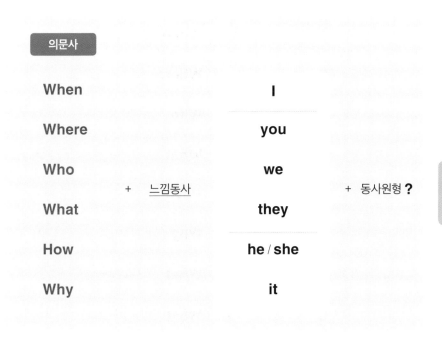

**1** **느낌동사 의문사 문장 연습하기**

| | |
|---|---|
| 난 언제 먹을 수 있니? | **When** <u>can</u> I eat? |
| 난 어디서 먹을 수 있니? | **Where** <u>can</u> I eat? |
| 난 누구와 먹을 수 있니? | **Who** <u>can</u> I eat with? |
| 난 무엇을 먹을 수 있니? | **What** <u>can</u> I eat? |

| 난 어떻게 먹을 수 있니? | **How** <u>can</u> I eat? |
| 난 왜 먹을 수 있니? | **Why** <u>can</u> I eat? |
| 난 언제 도울 수 있니? | **When** <u>can</u> I help? |
| 난 어디서 도울 수 있니? | **Where** <u>can</u> I help? |
| 난 누구를 도울 수 있니? | **Who** <u>can</u> I help? |
| 난 무엇을 도울 수 있니? | **What** <u>can</u> I help? |
| 난 어떻게 도울 수 있니? | **How** <u>can</u> I help? |
| 난 왜 도울 수 있니? | **Why** <u>can</u> I help? |
| 난 뭘 먹어야 하니? | **What** <u>should</u> I eat? |
| 난 언제 먹어야 하니? | **When** <u>should</u> I eat? |
| 난 어디서 먹어야 하니? | **Where** <u>should</u> I eat? |
| 난 왜 먹어야 하니? | **Why** <u>should</u> I eat? |
| 난 어떻게 먹어야 하니? | **How** <u>should</u> I eat? |
| 넌 뭘 먹을 거니? | **What** <u>will</u> you eat? |
| 넌 언제 먹을 거니? | **When** <u>will</u> you eat? |
| 넌 어디서 먹을 거니? | **Where** <u>will</u> you eat? |
| 넌 왜 먹을 거니? | **Why** <u>will</u> you eat? |

186

| | |
|---|---|
| 넌 어떻게 먹을 거니? | **How** <u>will</u> you eat? |
| 난 누구를 좋아할 수 있니? | **Who** <u>can</u> I like? |
| 난 누구를 좋아해야 하니? | **Who** <u>should</u> I like? |
| 넌 누구를 좋아할 거니? | **Who** <u>will</u> you like? |

## REAL Conversation

 Help me.

 내가 왜 널 도와야 하니?

 Because we are friends.

 Okay. What do you need?

A : 도와줘.

A : 우린 친구니까.

B : **Why <u>should</u> I help you?**

B : 좋아. 뭐가 필요하니?

# 패턴25

# What time is it?
## 몇 시니?

6개의 의문사 중에 What과 How는 좀더 다양한 쓰임을 가지고 있어 따로 더 연습하는 것이 좋습니다.

| What + 명사 | | + 동사 + 주어 |
|---|---|---|
| (O) What | **time** | **is** **it ?** |
| (X) What | time | it is ? |

What은 명사와 결합하여 'What + 명사' 패턴으로 쓰입니다. 이때 주의해야 할 점은 앞선 패턴과 달리 뒤에 따라오는 문장이 '동사+주어'가 되어야 한다는 것입니다. 즉 'What time it is?'가 아니고 'What time is it?'으로 말해야 합니다.

188

| | |
|---|---|
| 몇 시니? | **What** time is it? |
| 몇 시였니? | **What** time was it? |
| 넌 몇 시를 원하니? | **What** time do you want? |
| 그는 몇 시를 원하니? | **What** time does he want? |
| 난 몇 시에 먹어야 하니? | **What** time should I eat? |
| 무슨 사이즈니? | **What** size is it? |
| 난 무슨 사이즈를 사야 하니? | **What** size should I buy? |
| 무슨 색이니? | **What** color is it? |
| 넌 무슨 색을 갖고 있었니? | **What** color did you have? |
| 그는 무슨 색을 갖고 있었니? | **What** color did he have? |
| 몇 년도였니? | **What** year was it? |
| 넌 몇 년도에 올 거니? | **What** year will you come? |
| 무슨 도시였니? | **What** city was it? |
| 그가 무슨 도시를 방문하니? | **What** city does he visit? |
| 넌 무슨 도시를 방문할 거니? | **What** city will you visit? |

| | |
|---|---|
| 무슨 요리니? | **What** <u>dish</u> is it? |
| 무슨 요리였니? | **What** <u>dish</u> was it? |
| 그는 무슨 요리를 좋아하니? | **What** <u>dish</u> does he like? |
| 난 무슨 요리를 해야 하니? | **What** <u>dish</u> should I cook? |

## REAL Conversation ∞∞∞∞∞∞∞∞∞∞∞∞∞∞∞∞∞∞∞∞∞∞∞∞∞

 Do you remember our trip?

 그게 몇 년도였지?

 Maybe two years ago.

 Oh, I remember.

| | |
|---|---|
| A : 우리 여행 기억나니? | B : **What <u>year</u> was it?** |
| A : 아마도 2년 전일 거야. | B : 아, 기억났다. |

# 패턴 26

# How old is he?
## 그는 몇 살이니?

기초회화 3<br>문장확장 26과

'How+형용사' 패턴은 'What+명사' 패턴과 유사합니다. 대표적인 문장 'How old is he?'를 떠올린 뒤 old 자리를 바꿔주기만 하면 간단해요.

| How | + | 형용사 | + 동사 | + 주어 |
|---|---|---|---|---|
| (O) | **How** | **old** | **is** | **he ?** |
| (X) | How | old | he | is ? |

### 1 How + 형용사 문장 연습하기

얼마나 어둡니?　　　　　　　　　**How** dark is it?

191

| | |
|---|---|
| 얼마나 어두웠니? | **How** <u>dark</u> was it? |
| 그들은 얼마나 친절하니? | **How** <u>kind</u> are they? |
| 그들은 얼마나 친절했니? | **How** <u>kind</u> were they? |
| 그는 얼마나 자주 웃니? | **How** <u>often</u> does he laugh? |
| 넌 얼마나 빨리 먹니? | **How** <u>fast</u> do you eat? |
| 그들은 얼마나 빨리 먹었니? | **How** <u>fast</u> did they eat? |

## REAL Conversation

 I changed companies.

넌 얼마나 좋니?

 I'm relatively satisfied.

Okay. That's good.

A : 나 회사 옮겼어.

A : 비교적 만족스러워.

B : **How <u>happy</u> are you?**

B : 잘됐다.

## • 의문사의문문 익숙해지기 •

의문사의문문을 활용해 한국어 문장을 영어 문장으로 바꾸어 말해보세요.

## Who, When, Where

| | |
|---|---|
| 그는 누구니? | Who is he? |
| 그는 언제 가니? | When is he going? |
| 그는 어디 가니? | Where is he going? |
| 넌 누구와 키스했니? | Who did you kiss? |
| 넌 언제 그녀와 키스했니? | When did you kiss her? |
| 넌 어디서 그녀와 키스했니? | Where did you kiss her? |
| 넌 누구를 만나니? | Who do you meet? |
| 넌 어디에서 요리하니? | Where do you cook? |
| 넌 누구를 만날 수 있니? | Who can you meet? |
| 넌 언제 요리할 수 있니? | When can you cook? |
| 넌 어디에서 요리할 거니? | Where will you cook? |

## Why, What, How

| | |
|---|---|
| 그게 왜 그런 거니? | Why is it? |
| 그게 뭐니? | What is it? |
| 그거 어떠니? | How is it? |
| 그는 왜 가니? | Why is he going? |
| 그는 무엇을 원하니? | What does he want? |
| 넌 어떻게 요리할 거니? | How will you cook? |
| 넌 왜 그녀와 키스했니? | Why did you kiss her? |
| 넌 무엇을 요리하니? | What do you cook? |
| 넌 어떻게 요리하니? | How do you cook? |
| 넌 왜 요리할 수 있니? | Why can you cook? |
| 넌 무엇을 요리할 거니? | What will you cook? |
| 넌 어떻게 요리할 수 있니? | How can you cook? |

## What + 명사, How + 형용사

| | |
|---|---|
| 넌 몇 시에 오니? | What <u>time</u> do you come? |
| 그는 몇 시에 오니? | What <u>time</u> does he come? |
| 넌 몇 시에 올 거니? | What <u>time</u> will you come? |
| 그것들은 색깔이 뭐니? | What <u>color</u> are they? |
| 그것들은 색깔이 뭐였니? | What <u>color</u> were they? |
| 그가 무슨 색깔을 갖고 있었니? | What <u>color</u> did he have? |
| 그게 얼마나 빠르니? | How <u>fast</u> is it? |
| 그게 얼마나 느리니? | How <u>slow</u> is it? |
| 그게 얼마나 중요하니? | How <u>important</u> is it? |
| 그가 얼마나 일찍 오니? | How <u>early</u> does he come? |
| 그가 얼마나 자주 오니? | How <u>often</u> does he come? |
| 그가 얼마나 늦게 오니? | How <u>late</u> does he come? |

# 'It'에는 '그것' 말고도 다른 의미가 있다

우리는 It을 '그것'이라고 배웠습니다. 그래서 It is~로 시작된 문장은 자연스럽게 '그것은~'이라고 해석하죠. 그런데 사실 이 It은 우리말로 옮겼을 때 별다른 뜻이 없는 경우가 많아요.

예를 들어 아래 문장을 한번 살펴볼게요.

| | |
|---|---|
| 뜨겁다. | **It's hot.** |
| 월요일이다. | **It's Monday.** |
| 어둡다. | **It's dark.** |

어때요? It은 있지만 '그것은~'이라고 해석하지 않아도 전혀 어색하지 않죠?

|  | O | X |
|---|---|---|
| **It's exciting.** | 신난다. | 그것은 신난다. |
| **It's touching.** | 감동적이다. | 그것은 감동적이다. |
| **It's surprising.** | 놀랍다. | 그것은 놀랍다. |

자신의 감정을 표현할 때 우리는 "신난다"라고 말합니다. 이걸 영어로 말하면 'It's exciting.'이 돼요. It을 해석하면 '그것은 신난다'라고 해야 하지만 '그것은'이라는 말을 굳이 해석하지 않는 거죠.

영어에는 무조건 주어가 있어야 합니다. 그래서 우리는 늘 자연스레 'I, You, She, He' 등으로 문장을 시작해야 한다고 생각하죠. 하지만 해석상 주어가 필요하지 않을 때도 있어요. 또한 주어가 너무 길어져서 문장 앞에 넣어줄 수 없을 때도 있죠. 그럴 때 사용하는 것이 It이에요.

It is패턴을 익히면 훨씬 더 원어민스럽고 자연스러운 영어가 가능해지고, 표현도 풍부해집니다.

이번 패턴 연습의 주요 목적은 'It's~로 말 꺼내기'입니다. 말 그대로 의미나 뜻에 연연하지 말고 필요한 순간에 입에서 먼저 툭 튀어나올 수 있게 연습하는 것이죠.

It's~가 자연스럽게 입에서 툭툭 튀어나오게 연습하는 것이 목표입니다.

# It's exciting to come here.
## 여기 오니까 신난다.

It's~의 첫 번째 패턴은 'to+동사원형'이 주어인 경우입니다. 원래 주어 자리 인 문장 앞부분에 It을 넣어주고 to+동사원형은 문장 뒤에 넣어주면 끝!

앞의 패턴2에서 잠깐 소개했던 패턴이기도 한데요, 여기서는 It's 뒤에 -ing 꼴을 넣어줍니다. 이때 -ing는 주어(to+동사원형)가 어떤 감정을 일으켰다는 능 동의 의미를 담고 있습니다.

**It's + -ing + to + 동사원형**

간단하게 말하면 굳이 주어에 대한 해석이 필요하지 않을 때 It's 패턴을 활 용한다고 생각하시면 됩니다. 그러니 한국말을 먼저 생각한 후 영어로 옮기는 습관을 버리고 문장 안에 '그것'이라는 말이 없어도 It's~라고 뱉을 수 있는 습 관을 만들어야 합니다.

| | |
|---|---|
| 운전하는 게 짜증난다. | **It's** annoying **to** drive a car. |
| 운전하는 게 신난다. | **It's** exciting **to** drive a car. |
| 선물 받는 게 감동적이다. | **It's** touching **to** get a gift. |
| 영어 공부하는 게 재미있다. | **It's** interesting **to** study English. |
| 역사 공부하는 게 지루하다. | **It's** boring **to** study history. |
| A를 받는 게 놀랍다. | **It's** amazing **to** get an A. |

기초회화 3
문장확장 34-36강

## REAL Conversation

 You look good!

응, 청혼 반지를 받고 감동했거든.

 Did you say yes?

Of course.

A : 기분 좋아 보이는데!   B : **Yes, it's touching to get an engagement ring.**

A : 승낙했어?   B : 당연하지!

# It's exciting that he is coming.
## 그가 여기 오니까 신난다.

It's~의 두 번째 패턴은 'that+주어+동사'가 문장 전체의 주어가 되는 경우예요. 주어가 'that+주어+동사'로 길어졌기 때문에 주어 자리에 It을 넣어주는 패턴이죠.

It's  +  **-ing**  +  **that**  +  주어  +  동사

사실 패턴27과 28은 감정이나 상황을 설명한다는 점에 있어서는 같은 패턴이에요. 그저 뒤에 나오는 to와 that, 그리고 그 뒤에 각각 동사원형과, 주어+동사가 온다는 차이점만 있을 뿐입니다.

## ① It's + -ing + that 문장 연습하기

그녀가 요리하는 게 감동적이야.
**It's** touching **that** she cooks.

그녀가 나한테 전화하는 게 놀라워.
**It's** surprising **that** she calls me.

네가 이걸 했다는 게 놀라워.
**It's** amazing **that** you did this.

내가 틀렸다는 게 혼란스러워.
**It's** confusing **that** I am wrong.

네가 술 마시지 않는 게 지루해.
**It's** boring **that** you don't drink.

네가 그렇게 생각하는 게
흥미로워.
**It's** interesting **that** you think so.

기초회화 3
문장학습 34-36강

## REAL Conversation ∞∞∞∞∞∞∞∞∞∞∞∞∞∞∞∞∞∞∞∞∞∞∞

직장 상사가 자주 전화해서 짜증나.

Don't answer it.

You know I can't do that.

A : **It's annoying that my boss often calls me.**          B : 받지 마.

A : 그럴 수 없다는 거 알잖아.

201

# It's fixed.
## 수리됐어.

이번에는 It을 주어로 하는 두 가지 문장 패턴인 'It's + p. p.'와 'It's+-ing'에 대해 알아볼게요. 이 패턴은 대화 중에 이미 나왔던 뭔가를 간단하게 지칭하고 싶을 때 사용합니다. 일상대화에서 아수 많이 쓰이는 패턴이죠.

-ing형과 p. p.형에는 어떤 의미 차이가 있을까요?

| p. p. | -ing |
|---|---|
| excited | exciting |
| (무엇 때문에) 신난 | (상황이) 신나는 |
| surprised | surprising |
| (무엇 때문에) 놀란 | (상황이) 놀라운 |
| bored | boring |
| (무엇 때문에) 지루한 | (상황이) 지루한 |

-ing는 능동적인 느낌이 나고, p.p.는 수동적인 느낌이 납니다. 예를 들어 영화가 감동적이었으면 "The movie is touching."이라고 말해요. 영화 자체가 감동적이었으니까요. 반면 영화가 나를 감동시켰을 때는 "I'm touched."라고 말해야 합니다.

모든 회화가 그렇지만 특히나 'It's + p. p.'와 'It's+-ing' 패턴은 문장 자체로 외워서 입에 붙이는 게 중요합니다. 연습, 또 연습! 기억하세요.

## 1 It's + p. p. 문장 연습하기

| | |
|---|---|
| 옮겨졌다. | **It's** mov**ed**. |
| 페인트칠됐다. | **It's** paint**ed**. |
| 수리됐다. | **It's** fix**ed**. |
| 요리됐다. | **It's** cook**ed**. |
| 팔렸다. | **It's sold** out. |
| 주차됐다. | **It's** park**ed**. |
| 사랑받는다. | **It's** lov**ed**. |
| 씻겨졌다. | **It's** wash**ed**. |
| 만들어졌다. | **It's made**. |
| 도난당했다. | **It's stolen**. |

| | |
|---|---|
| 망가졌다. | **It's broken**. |
| 끝났다. | **It's** finish**ed**. |
| 조립됐다. | **It's** assemb**led**. |
| 잡혔다. | **It's caught**. |

## 2 It's + -ing 문장 연습하기

| | |
|---|---|
| 신난다. | **It's** excit**ing**. |
| 흥미롭다. | **It's** interest**ing**. |
| 놀랍다. | **It's** surpris**ing**. |
| 당황스럽다. | **It's** embarrass**ing**. |
| 헷갈린다. | **It's** confus**ing**. |
| 충격적이다. | **It's** shock**ing**. |
| 짜증난다. | **It's** annoy**ing**. |
| 지루하다. | **It's** bor**ing**. |
| 모욕적이다. | **It's** insult**ing**. |
| 동기부여된다. | **It's** encourag**ing**. |

| 감동적이다. | **It's** touch**ing.** |
| 좌절스럽다. | **It's** frustrat**ing.** |

## REAL Conversation ⬦⬦⬦⬦⬦⬦⬦⬦⬦⬦⬦⬦⬦⬦⬦⬦⬦⬦⬦⬦⬦⬦⬦⬦⬦⬦⬦⬦⬦⬦⬦⬦⬦⬦

How is that movie?

감동적이었어.

I should watch that movie too.

Yeah. You must see it.

A : 그 영화 어때?

A : 나도 영화 봐야겠다.

B : **It's touching.**

B : 응. 넌 꼭 봐야만 해.

## • It's 문장 익숙해지기 •

It's를 활용해 한국어 문장을 영어 문장으로 바꾸어 말해보세요.

### It's + -ing + to / It's + -ing + that

| | |
|---|---|
| 이것을 끝내는 게 감동적이야. | It's touching to finish this. |
| 여기 오는 게 감동적이야. | It's touching to come here. |
| 차를 갖는 게 감동적이야. | It's touching to get a car. |
| 이것을 요리하는 게 감동적이야. | It's touching to cook this. |
| A 받는 게 감동적이야. | It's touching to get an A. |
| F 받는 게 좌절스러워. | It's frustrating to get an F. |
| 이 유니폼 입는 게 짜증나. | It's annoying to wear this uniform. |
| 그가 이것을 끝낸 게 감동적이야. | It's touching that he finished this. |
| 그가 여기 온 게 감동적이야. | It's touching that he came here. |
| 그가 나한테 전화한 게 감동적이야. | It's touching that he called me. |
| 그가 이것을 요리한 게 감동적이야. | It's touching that he cooked this. |
| 그가 A 받은 게 감동적이야. | It's touching that he got an A. |
| 그가 F 받은 게 좌절스러워. | It's frustrating that he got an F. |

## -ing와 p.p.의 의미 차이

| | |
|---|---|
| (영화가) 감동적이야. | It's touching. |
| (나는) 감동받았어. | I'm touched. |
| (문제가) 헷갈려. | It's confusing. |
| (나는) 헷갈려. | I'm confused. |
| (소식이) 충격적이야. | It's shocking. |
| (나는) 충격받았어. | I'm shocked. |
| (광경이) 놀라워. | It's amazing. |
| (나는) 놀라워. | I'm amazed. |
| (운동은) 피곤해. | It's tiring. |
| (나는) 피곤해. | I'm tired. |
| (성적이) 실망스러워. | It's disappointing. |
| (나는) 실망했어. | I'm disappointed. |

# 이제 감탄사 말고
# 감탄'문'으로 말하자!

상대의 말에 적절히 대꾸만 잘해줘도 영어로 대화하기가 한결 수월해집니다. 이처럼 상대의 말에 호응하고 반응해주는 표현이 바로 감탄문이에요. 혹시 여러분은 다음과 같은 상황에서 영어로 감탄할 수 있나요?

가격이 너무 비쌀 때

강아지가 너무 귀여울 때

지금까지 우리가 배운 표현을 사용해 말한다면 아마 이렇게 말할 수 있을 거예요.

**It's very expensive.**       그것은 매우 비싸다.

**It's so cute.**              그것은 굉장히 귀엽다.

어때요? 감탄의 느낌이 나나요? 너무 밋밋하죠? 어쩌면 "Wow!"나 "Really?" 등과 같은 말을 붙여서 감정을 더할 수도 있겠지만 이제는 다른 표현을 써보자 고요! 영어로 감탄문을 만드는 방법은 아주 간단해서 How와 What만 알면 됩니다!

**How expensive!**          우와~ 비싸다!

**What a nice dog!**          우와~ 멋진 개다!

감탄문은 말 그대로 '감탄'하는 거예요. 그러니 책을 읽듯이 말하면 안 되고, 정말 놀라거나 감격스러워하며, 내뱉는 것이 중요합니다. 마치 연기를 하듯이 말이에요.

언어를 빠르게 배우고 잘하는 사람들을 보면 흉내 내기를 잘해요. 드라마나 영화 속 배우들의 표정, 억양 등을 똑같이 흉내 내는 거죠. 그렇게 표정, 몸짓까지 따라하면서 말하는 것이 보다 자연스러워 보이고, 심지어 자신의 실력보다 더 잘하는 것처럼 보여지기도 합니다.

부끄러워하지 마세요. 틀려도 괜찮으니 감탄하듯이 문장을 내뱉어봅시다. 그것만이 영어를 정복하는 지름길이니까요.

# How cute!
## 와~ 정말 귀엽다!

'How+형용사'를 활용한 패턴입니다. 너무 간단해서 '진짜 이게 다일까?' 싶지만, 실제 원어민들은 이 패턴을 정말 많이 사용해요. 뒤에 주어+동사까지 붙여주면 감탄하는 대상을 보다 구체적으로 설명해줄 수 있습니다.

| | |
|---|---|
| **How fast!** | 우와~ 정말 빠르다! |
| **How fast it is!** | 우와~ 그거 정말 빠르네! |

간단하죠? 감탄문에서 중요한 것은 정확한 해석이 아니라 감정을 얼마나 극적으로 표현하는가예요. 평상시 자신의 말투와 감정을 그대로 담아 감탄하세요!

# ① How 감탄문 연습하기

| | |
|---|---|
| 우와~ 춥다! | **How** cold! |
| 우와~ 어렵다! | **How** difficult! |
| 우와~ 바보 같다! | **How** silly! |
| 우와~ 용감하다! | **How** brave! |
| 그는 진짜 부자야! | **How** rich he is! |
| 그건 너무 비싸! | **How** expensive it is! |
| 그건 너무 더러워! | **How** dirty it is! |
| 넌 정말 다정하구나! | **How** friendly you are! |

## REAL Conversation ◇◇◇◇◇◇◇◇◇◇◇◇◇◇◇◇◇◇◇◇◇◇◇◇◇◇◇◇◇◇◇◇◇◇◇◇◇

How is this coat?

우와~ 멋진데!

A : 이 코트 어때?　　　　　B : **How cool!**

# 패턴31

# What a beautiful day!
## 우와~ 날씨 좋은데!

What으로 감탄문을 만들 때는 뒤에 명사가 붙습니다. How처럼 간단히 'What + 명사'로 쓰기도 하고, 주어+동사를 붙여주기도 합니다.

| | |
|---|---|
| **1단계 풀버전** | **What a beautiful day it is!** |
| **2단계** (주어, 동사 생략) | **What a beautiful day!** |
| **3단계** (주어, 동사, 형용사 생략) | **What a day!** |

그런데 What 감탄사를 쓸 때 구체적인 상황이나 설명이 없으면 정확한 의미가 전달되지 않을 수도 있어요. "What a dog!"이라고만 하면 개가 멋있어서 감탄한 것인지, 너무 커서 놀란 것인지를 알 수 없거든요. 그 때문에 형용사를 같이 사용하는 2단계 문장으로 주로 말합니다.

## ① What 감탄문 연습하기

| | |
|---|---|
| 우와~ 사자! | **What** a lion! |
| 우와~ 차! | **What** a car! |
| 우와~ 집! | **What** a house! |
| 정말 멋진 휴대폰! | **What** a nice cell phone! |
| 정말 웃긴 농담! | **What** a funny joke! |
| 정말 멋진 파티! | **What** a nice party! |
| 정말 골 멋진데! | **What** a nice goal it is! |
| 정말 대박 할인이다! | **What** a big discount it is! |

## REAL Conversation 〰〰〰〰〰〰〰〰〰〰〰〰〰〰〰〰〰〰〰〰〰〰〰〰〰〰〰〰〰

 How was your meeting?

지루한 미팅이었어.

A : 미팅 어땠어?          B : **What a boring meeting it was!**

## • 감탄문 익숙해지기 •

감탄문을 활용해 한국어 문장을 영어 문장으로 바꾸어 말해보세요.

### How

| | |
|---|---|
| 우와~ 키 크네! | How tall! |
| 우와~ 거대하네! | How huge! |
| 우와~ 느리네! | How slow! |
| 우와~ 더럽네! | How dirty! |
| 그는 참 귀엽구나! | How cute he is! |
| 그는 참 운이 좋구나! | How lucky he is! |
| 그는 참 예의 바르구나! | How polite he is! |
| 그는 참 바쁘구나! | How busy he is! |
| 날씨가 참 화창하구나! | How sunny it is! |
| 날씨가 정말 춥구나! | How cold it is! |
| 그건 정말 아름답구나! | How beautiful it is! |
| 그건 정말 비싸구나! | How expensive it is! |

## What

| 우와~ 빌딩! | What a building! |
|---|---|
| 우와~ 시계! | What a watch! |
| 우와~ 노래! | What a song! |
| 우와~ 파티! | What a party! |
| 정말 높은 빌딩! | What a tall building! |
| 정말 비싼 시계! | What an expensive watch! |
| 정말 좋은 노래! | What a good song! |
| 정말 큰 파티! | What a big party! |
| 정말 높은 빌딩이구나! | What a tall building it is! |
| 정말 비싼 시계구나! | What an expensive watch it is! |
| 정말 좋은 노래구나! | What a good song it is! |
| 정말 큰 파티구나! | What a big party it is! |

# 야나두 영어회화 패턴 31
## 패턴만 알면 야, 너두 길게 말할 수 있어!

**초판 1쇄 발행** 2019년 12월 18일
**초판 5쇄 발행** 2023년 9월 1일

**지은이** 원예나
**펴낸이** 최지연
**마케팅** 김경민 윤여준
**경영지원** 김나영
**디자인** 데시그
**교정교열** 윤정숙

**펴낸곳** 라곰
**출판신고** 2018년 7월 11일 제 2018-000068호
**주소** 서울시 마포구 큰우물로 75 성지빌딩 1406호
**전화** 02-6949-6014 **팩스** 02-6919-9058
**이메일** book@lagombook.co.kr